KB274965

정석을 무시한
승부의 테크닉

9단 小林光一 지음
프로바둑연구회 편

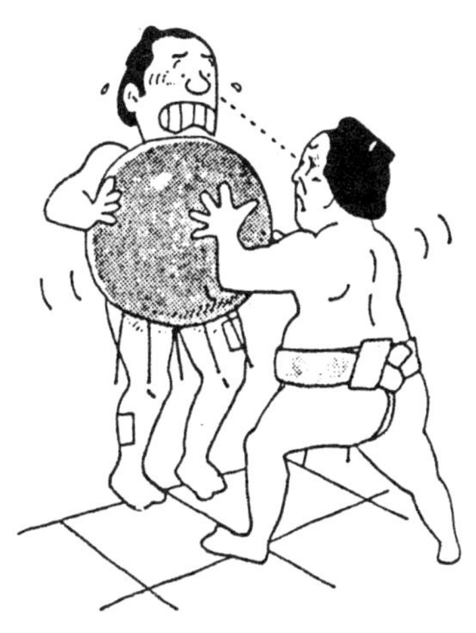

太乙出版社

머 리 말

'정석(定石)'이라고 하는 말은, 일종의 주술적(呪術的) 인 뜻을 가지고 있다. 그래서 일반 용어(用語)와는 달리 '꼭 그것이 아니면 안된다'고 하는 의미로서 우리에게 이해되고 있다.

따라서, 정석(定石)은, 알지 못하면 불리하고, 따르자니 부담스럽다고 하는 강박관념을 우리에게 안겨 준다.

이 책은, 정석을 무시한 승부의 전략을 독자 여러분에게 가르쳐 주고 있다. 정석을 무시한다고 하는 것은, 정석을 알지 못한다고 하는 것과는 본질적으로 다르다. 알지 못하면서 결코 무시할 수는 없는 것이다.

'정석을 무시한다'고 하는 것은 어떤 의미에서는 '정석을 초월한다'고 할 수 있는 것이다.

정석을 초월한다고 하는 것은 '정석'에 관한 한 '능통(能通)'한다는 것을 의미한다. 그러므로 정석을 모르면 감히 정석을 무시할 수 없게 되는 것이다.

또한 이 책에서 '정석을 무시한다'고 하는 것은, 바로 '정석을 충분히 응용한다'고 하는 것을 말하는 것이다.

그런 의미에서 이 책의 내용이 갖는 의의는 크다고 본다. 수준적(水準的)으로 보아 결코 중급자들이 쉽게 이해할 수 있을런지 의문이다. 이 책을 충분히 이해하고, 그 내용을 자기의 것으로 소화하여 가질 수 있는 정도의 독자라면, 바야흐로 '프로(전문 기사)'의 세계에 들어섰다고 자신있게 말할 수 있다.

그럼, 지금 당신의 수준은 어느 정도인가? 이 책으로 당신의 수준을 점검해 보기 바란다.

저 자 씀

차   례 *

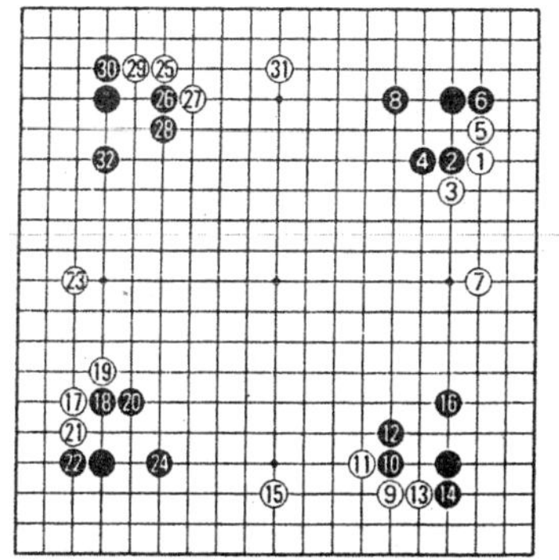

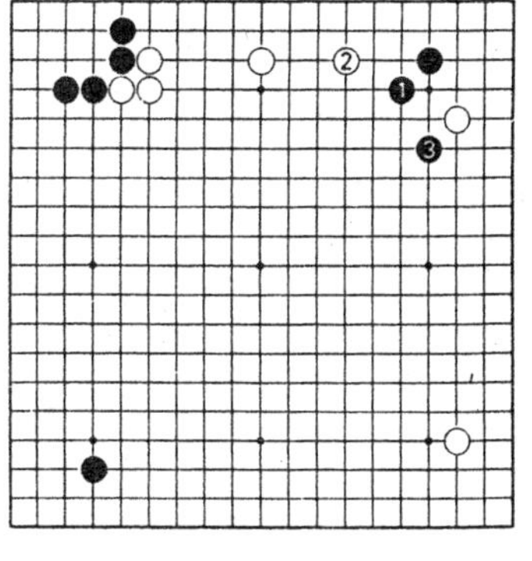

마크의 뜻

◎ 중요함

☺ 백이 좋음

☻ 흑이 좋음

⊗ 백이 나쁨

⊗ 흑이 나쁨

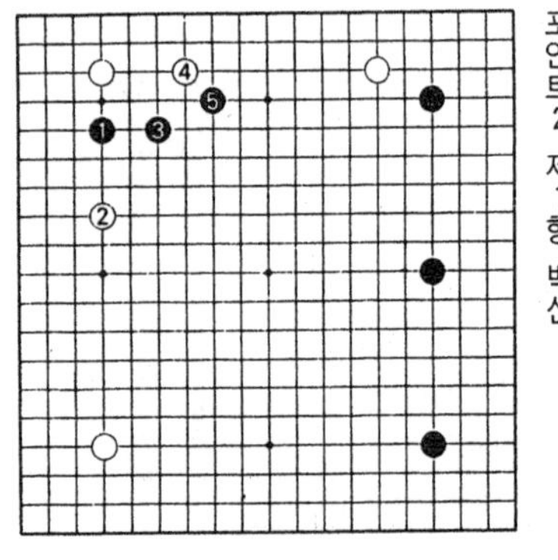
포인트 2 제 1 형 백선
포인트 3 제 2 형

제 1 장/정석을 무시한 타개와 이기는 방법

(전국편) ································ *37*

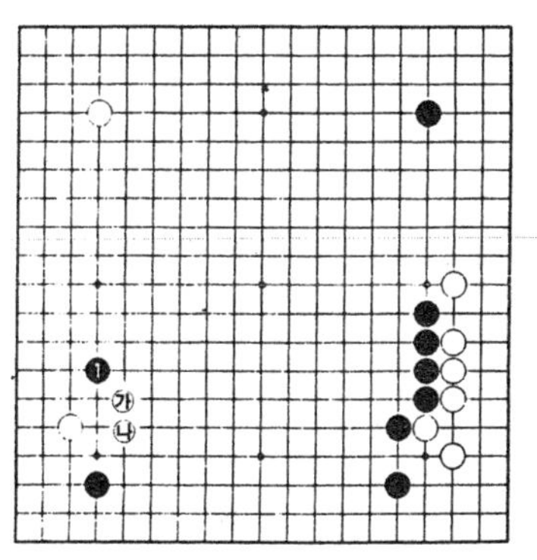

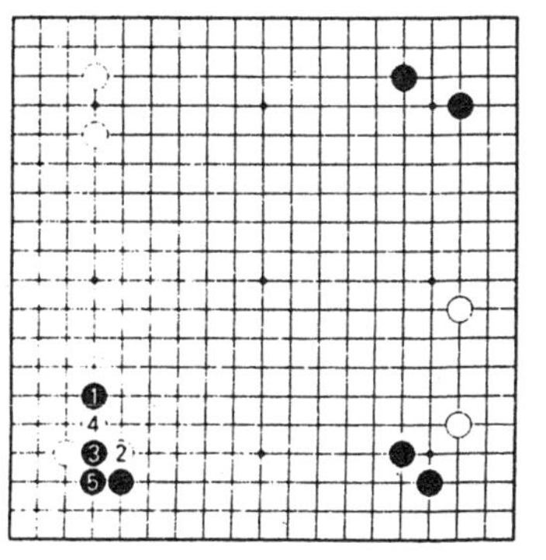

제 2 장/정석 무용의 타개방법·이기는 방법

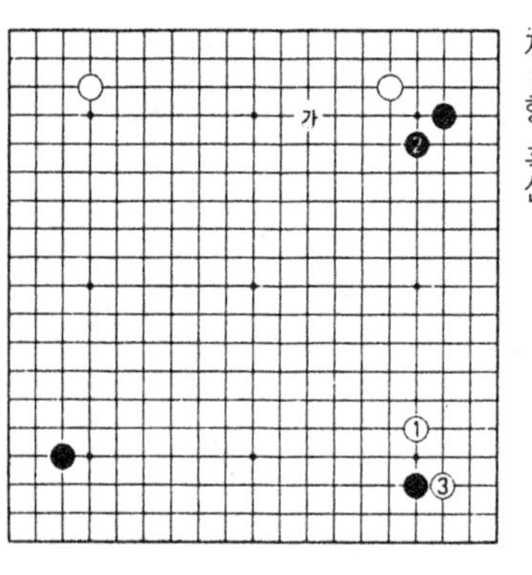

제
1
형

제
2
형
흑
선

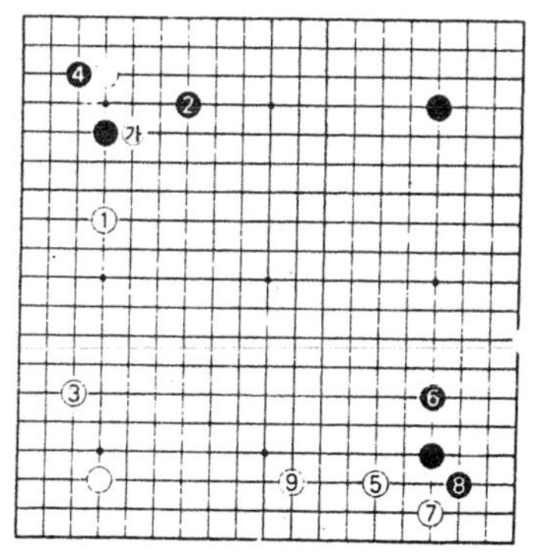
제
3
형

제
4
형

백
선

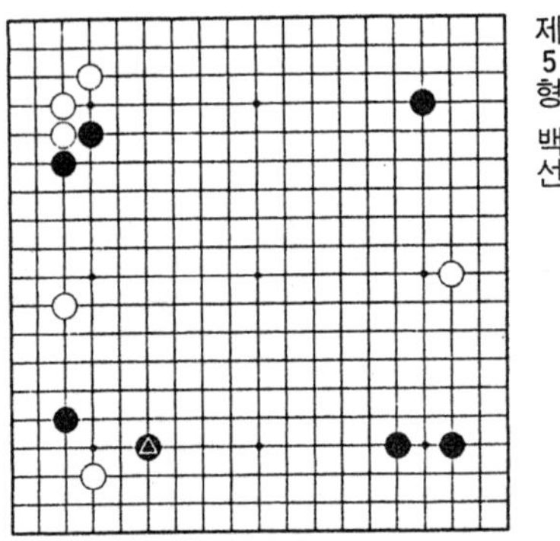

제
5
형
백
선

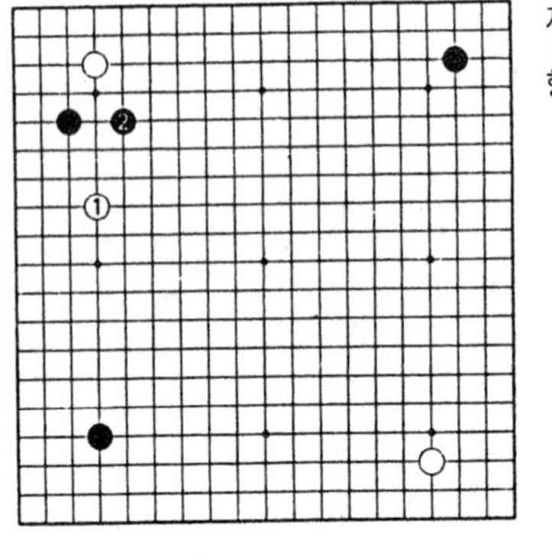

제
6
형

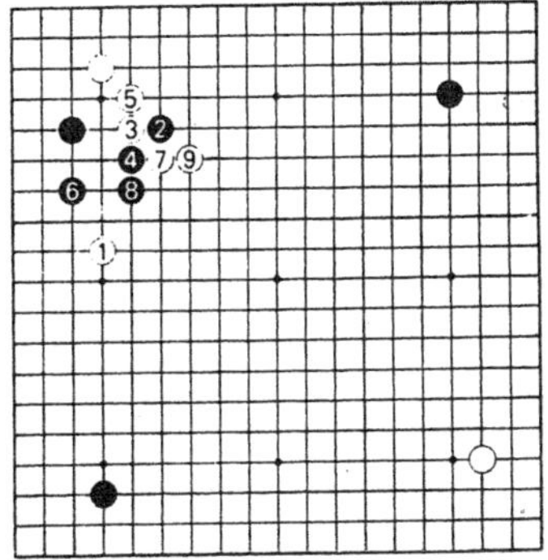

제 1 형

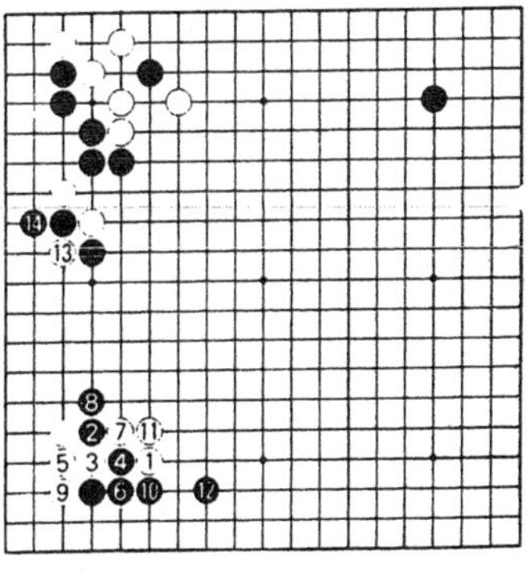

제 2 형 백선

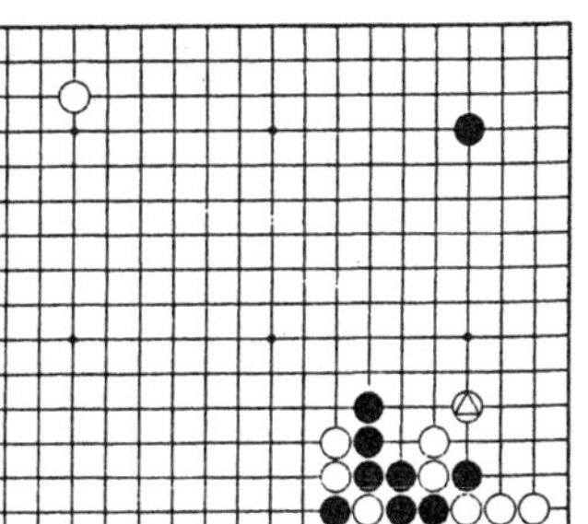

제 3 형 흑선

제 4 장/전투 포석 ···························· *137*

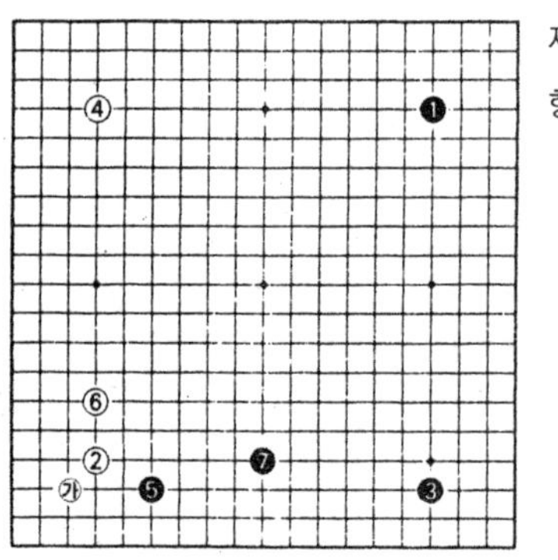

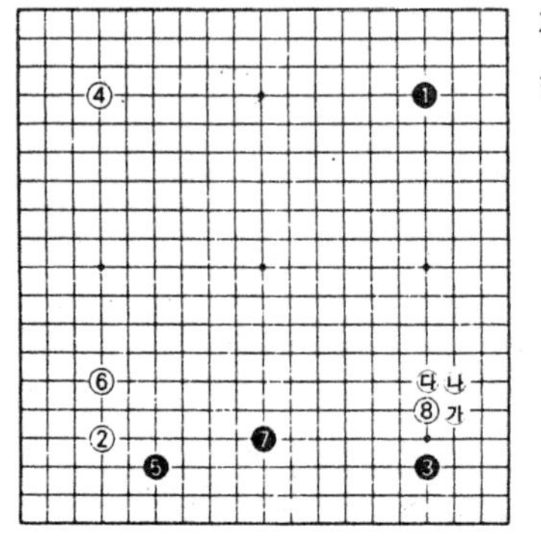

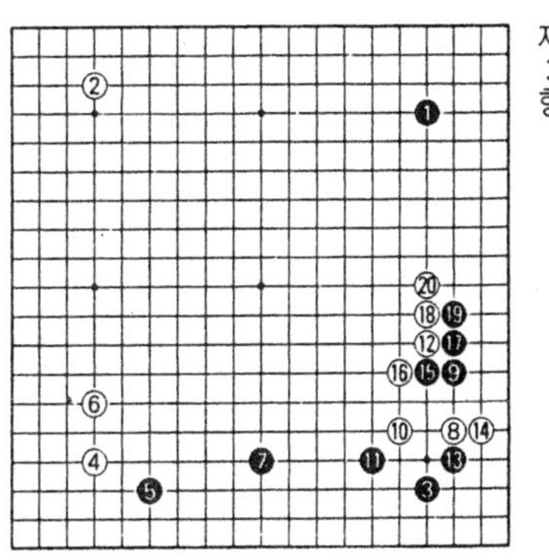

종장/정석 무용
의 계속···· *173*

서 장

정석 다음
3 점의 포인트

본장의 포인트

정석은 하나의 체계이다. 이 세계에는 엄밀한 이론이 한수 한수에 있어 모양도 약2만여개의 정석무리가 있다.

그래서 정석의 허실을 틈탄 새로운 수법이 개발되어 새로운 정석이 탄생을 하였고, 모양에 따라 정석을 선택하는 것이 실로 당연하다고 할 수 있는 일인데 선택의 여하에 따라 가치기준이 달라진다.

이 장에서는 정석의 파생과정과 해(害)가 되는 수순 등을 전국적인 관점에서 비판해 보기로 한다.

정석에서는 포석을 케이스별로 분류하여 부조화, 붕괴, 맹점등을 중점적으로 분석해 보고 성공에 따른 변화를 나타내 보았다.

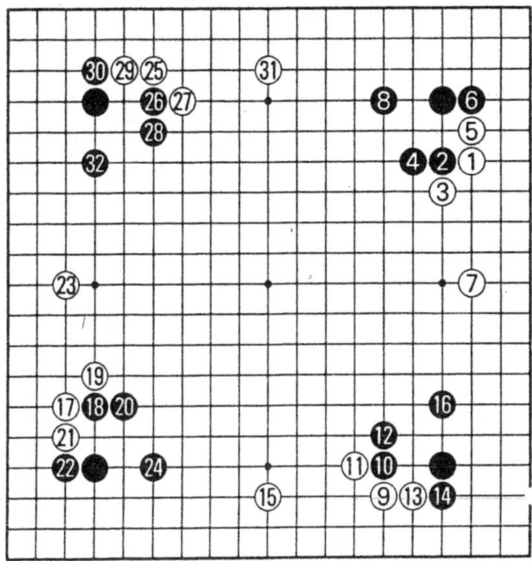

기본도

〈포인트 1〉정석이후의 착점

제 1 형
적합하지 못한 정석선택은 이기지 못한다.

정석은 '부분적인 최선'으로 전국적인 판단을 다시 하지 않으면 안된다. 어떤 정석이 적합한가, 악수에 대한 응징은 어떻게 하여야 하는가 하는 점이다. '수술은 성공했는데 환자는 죽었다'는 말이 있다. 이런 어리석음을 범해서는 안된다. 기본도는 4점바둑의 적합하지 못한 대표적인 포석이다.

백 1 걸침에 혹 2 이하 8 은 정석의 한형태. 귀의 실리가 크다. 혹은 우세인데 부분적으로는 한수의 악수도 두지 않았다.

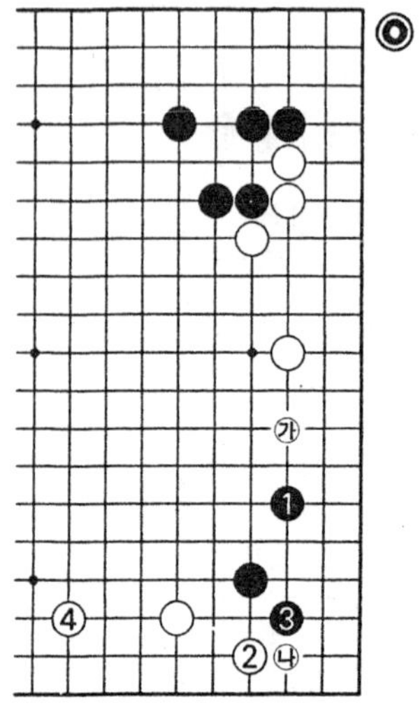

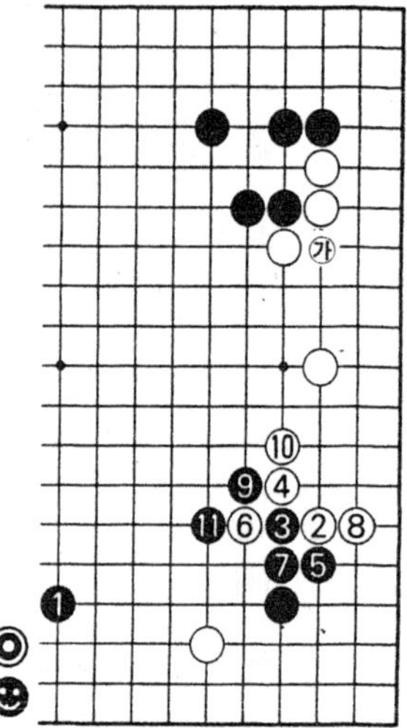

1도 우변을 두면 부분적
으로 이익

2도 흑1의 넓은 발상

　1도 기본도의 흑모양은 나쁘다. 최초의 정석인 우하귀의
정석선택이 잘못이다. 우변은 백이 견고하여 두터움을　바탕
으로 하여 움직일 여지가 있다. 흑 1의 날일자엔 부분적으로
이런 자리. 백 4로 두면 흑은 ㉮나 ㉯의 곳을 둔다.

　2도 우변의 백은 흑이 두면 장래성이 있다. 흑 1의　넓은
개척도 생각해 볼 수 있다. 백 2의 양걸침에 흑 3, 5의　젖혀
이음. ㉮의 끊음으로 백모양이 응고되는 새로운 모양이　생긴
다.

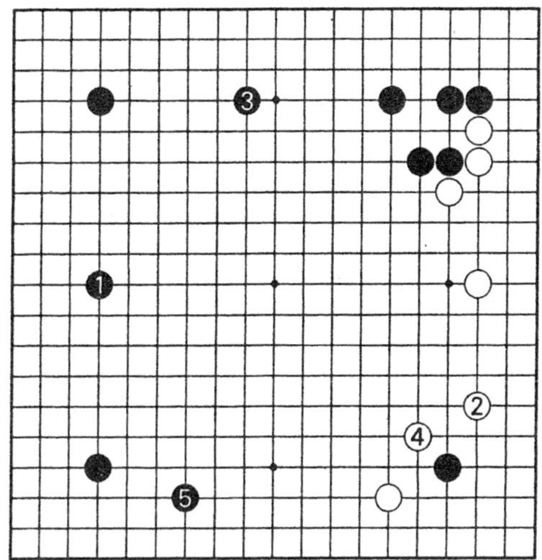

3도 손빼면 유력한 방법

3도 2도의 다음 진행을 생각해 보자. 여기서 손을 빼는 것은 정석을 무시한 사고법(思考法)이다. 반면을 살펴보자. 3, 5로 큰곳을 두어 대세력을 형성하여 우위를 확립하였다.

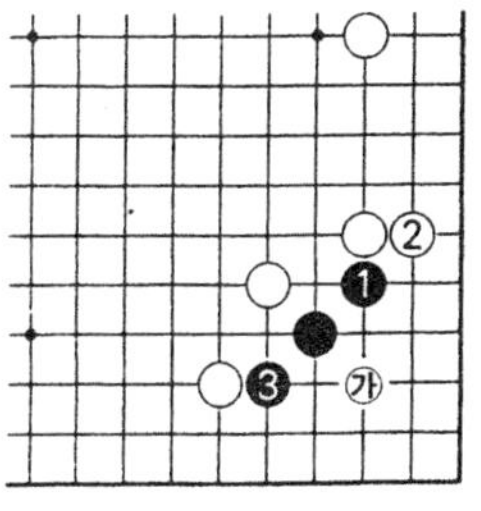

참고도 크게 삶

우하귀는 사는 수가 있다. 장래 참고도의 진행. 다음에 ㉮의 곳을 둔다.

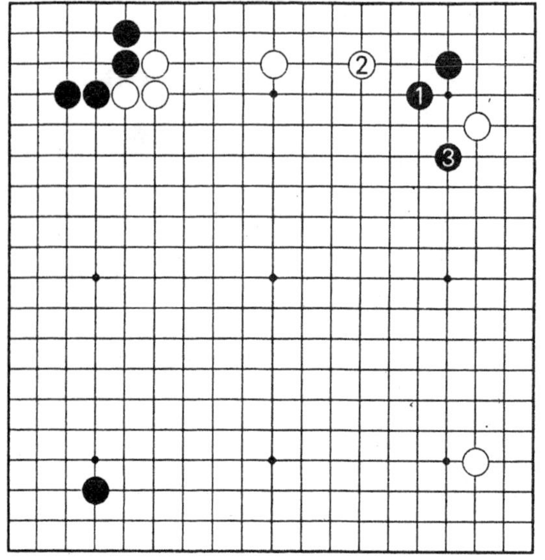

〈포인트 1〉 정석이후의 착점

제 2 형 상대방의 돌을 움직이지 못하게
하면 불리함을 초래한다.

앞에서 나온 형과는 약간 다른 모양으로 상대방의 돌을 움직이지 못하게 하면 어떤 결과가 생기는지 한수의 가치를 공부하여 보자. 전국적으로는 조금도 문제점이 없다. 기본도는 세계아마 선수권 전에서 발췌하였다. 흑1, 3은 부분적으로는 정석의 한 유형인데 국면은 좋지않다. 그 이유는—.

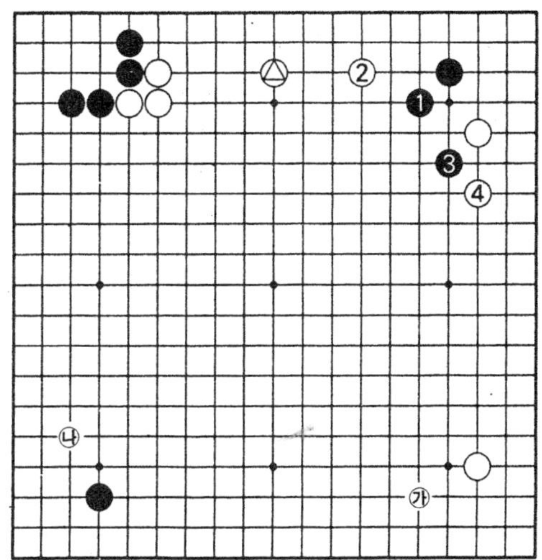

1도 혹1은 후수 혹3은 악수

1도 기본도의 혹 1 의 수는 백△
이 있어 백 2, 혹 3 에는 백 4 로 가
볍게 받는다. 혹 3 으로 두터운 맛의
움직임을 저지한다. 혹 1 로 상변을
가볍게 본다. 다음에 ㉮와 ㉯가
우선이다. 1 도의 백 4 의 실전은 참
고도의 8 까지 혹의 최악이다. 상변
에 있는 백△표 두점이 빛나 보인
보인다.

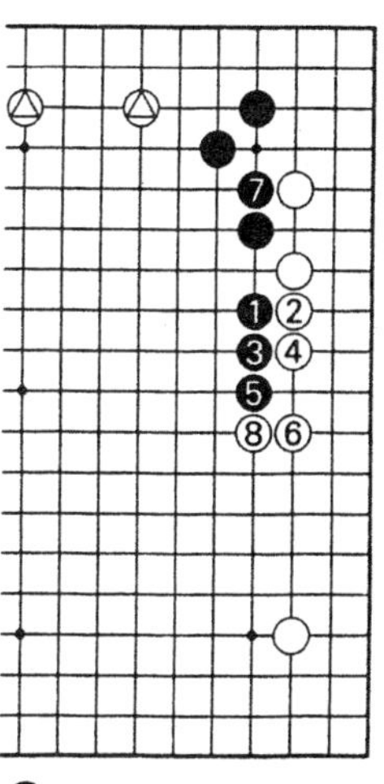

1도 혹이 최악의 정
석을 선택

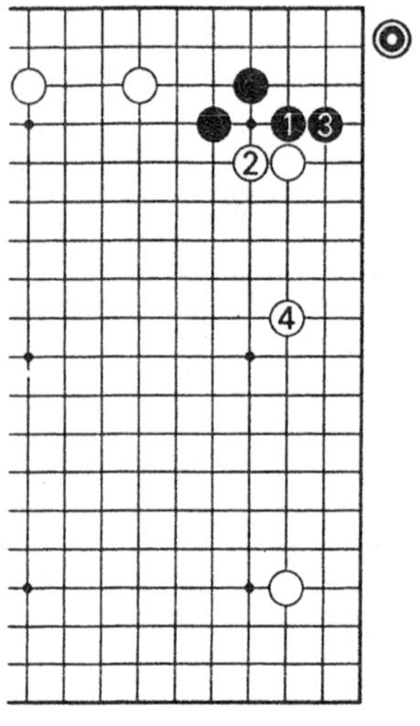

2도 혹1의 마늘모로
귀를 견고히 한다.

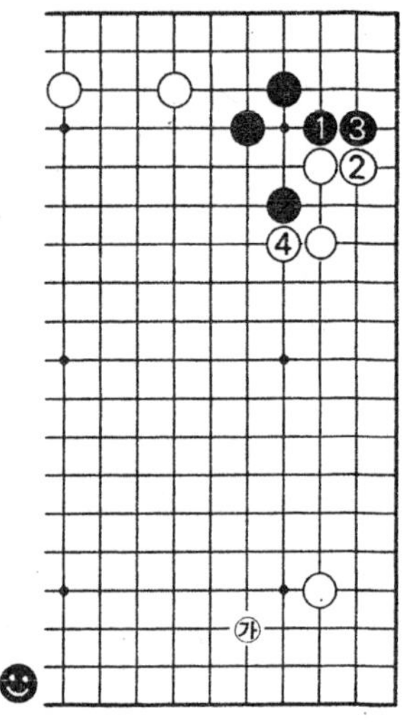

3도 혹1의 마늘모 다
음 선수로 우하귀
㉮를 간다.

2도 기본도, 혹3의 내려섬으로
본도의 1, 3으로 두는 것이 정수다.

3도 다음, 1도, 백4에 대하여
는 본도의 1, 3으로 둔다. 백4의
벌림이 두터운 모양이다.

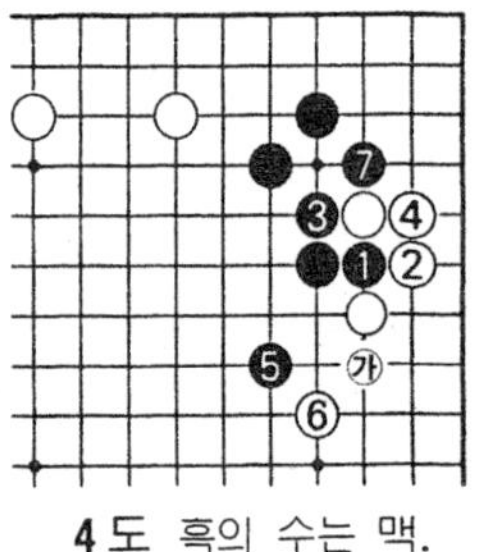

4도 혹의 수는 맥.

4도 1도, 백4에 대하여 본도 혹1, 3으로 되돌아가는
것은 맥이다. 혹7까지 견고하여 ㉮의 붙임이 있다.

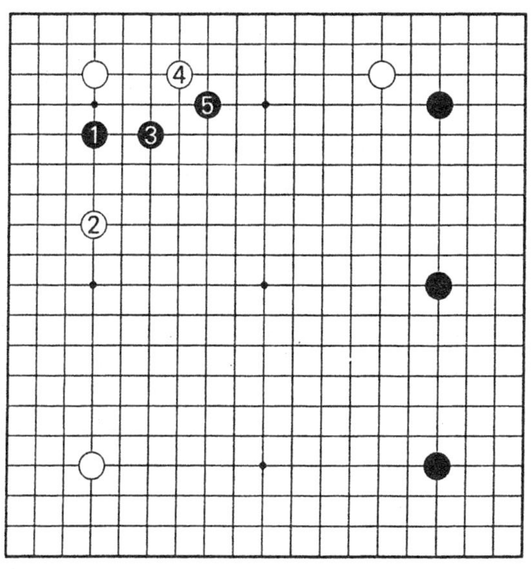

〈포인트 2〉 전투에 대한 공포증

제 1 형
상대방의 무리한 행마는 악수가 있다.

　상대방의 적합치 못한 정석 선택 다음에는 무리수나 완착이
나온다. 판단은 알기쉽게 하여 강수로 대처한다. 이것은 형세
가 나쁘다는 것을 반영한 것이다. 본도는 아마동서대항전의
기보이다. 흑 1 에서 5 까지 다음 백의 응수가 문제—

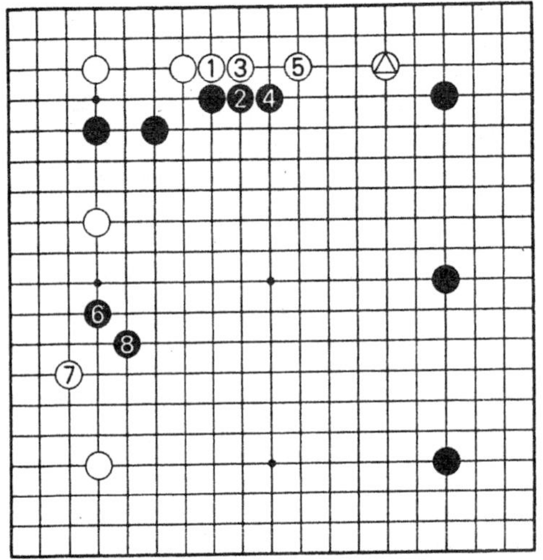

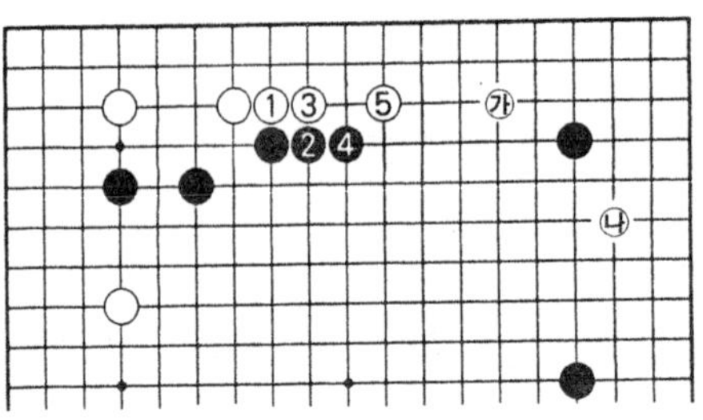

참고도 1 이런 장면은 좋다.

1도 실전은 백 1 에서 5 까지. 정석을 알지 못한 국면이다. 백 △ 표가 중복이 되어 있다.

참고도 1 도의 ㉮의 곳에 백돌이 없다. 이때는 1 도의 백 1 에서 5 의 정석을 택한다. 백은 우상 ㉯의 방향에 둔다.

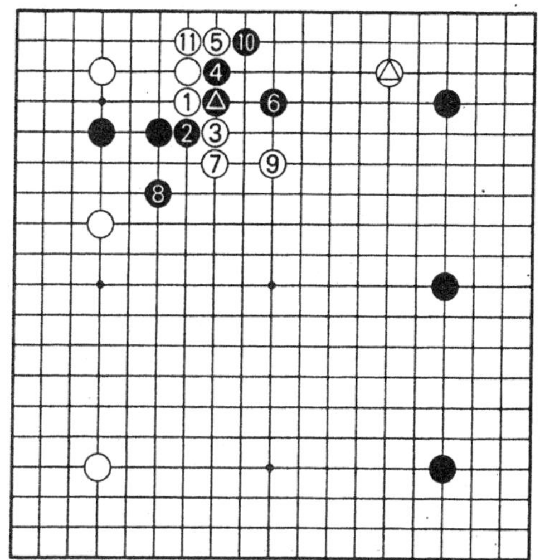

2．도 백진 속에서 신념의 전투로 임한다 ◉ ☺

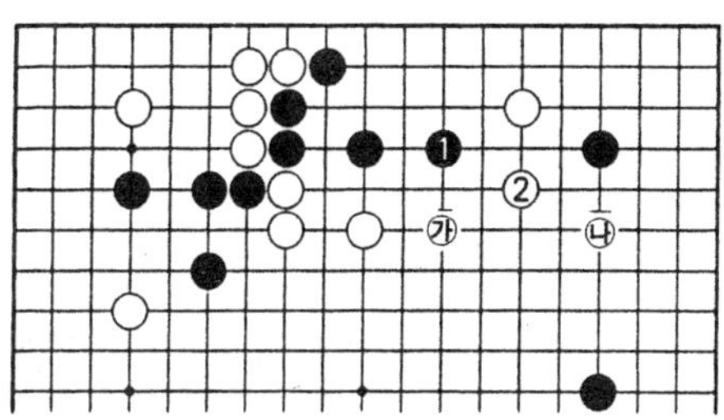

참고도 2 흑이 나쁘다

 2도 기본도의 국면을 보자. 백이 △로 걸칠 때 손빼면
나타나는 모양이다. 좌상귀는 흑백이 3대 3·이다. 우상 백△
표는 상변 전투에 큰 역할을 한다.
 다음 백 1, 3으로 나가 끊어도 이하 11까지 흑●의 과함
을 후회한다. ㉮와 ㉯의 곳은 맛보기이다.

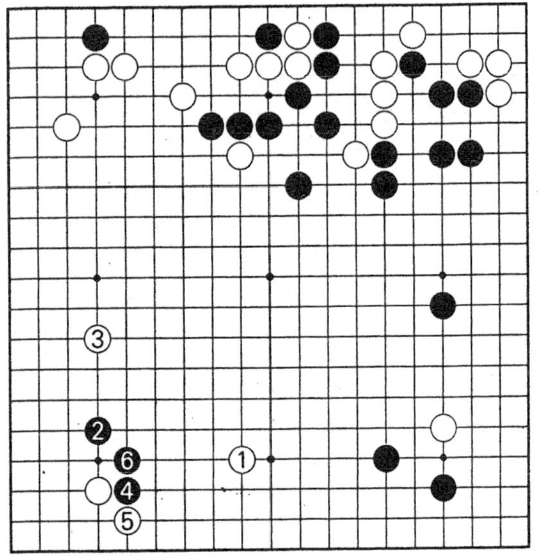

〈포인트 2〉 전투에 대한 공포증

제 2 형
먼저놓은 돌을 이용하지 않으면 불리함이
온다

반상의 돌은 9할이 중앙을 향하고 있다. 이런 모양에서는
어떤 정석을 사용하여 움직여야 하는가. 초반·중반의 대과제
이다. 기본도는 세계아마선수권전에 나타난 모양이다. 백 1 의
갈라침은 흑모양을 의식한 호착이다. 흑 2 의 걸침에 백 3 의
협공이 나쁘지 않다. 그런데 여기서 백 5 는 의문이다.

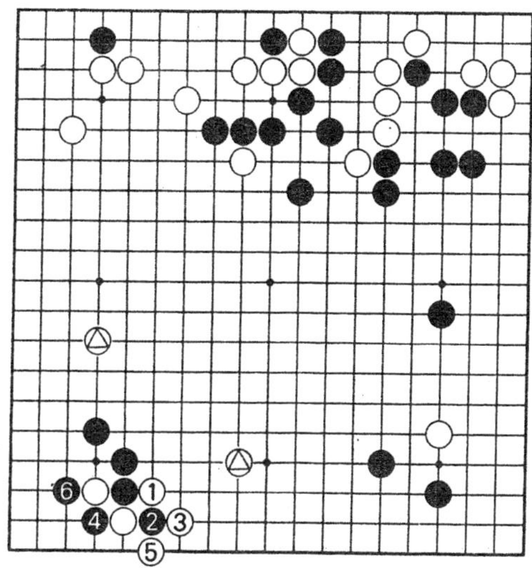

1 도 귀를 빼앗겨 불만이나.

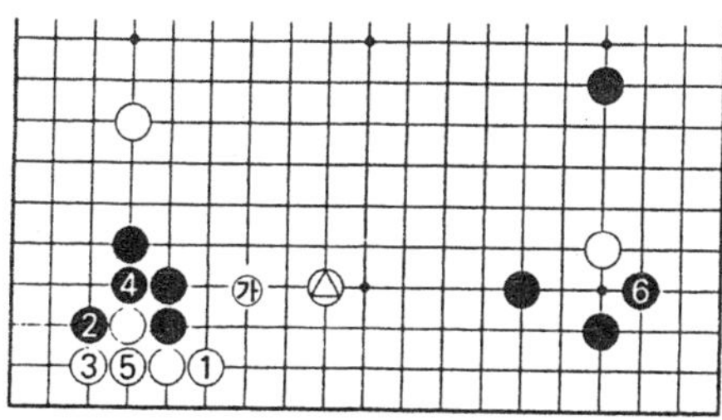

참고도 흑 6 이 선수

　1 도 실전의 진행을 보자. 백 1 로 밖을 젖히면 흑 4, 6 으로 잡는다. 백 △ 표가 빛난다.

　참고도 기본도 백 5 는 소극적인　악수.　△가 콤비네이션.을 이룬다.

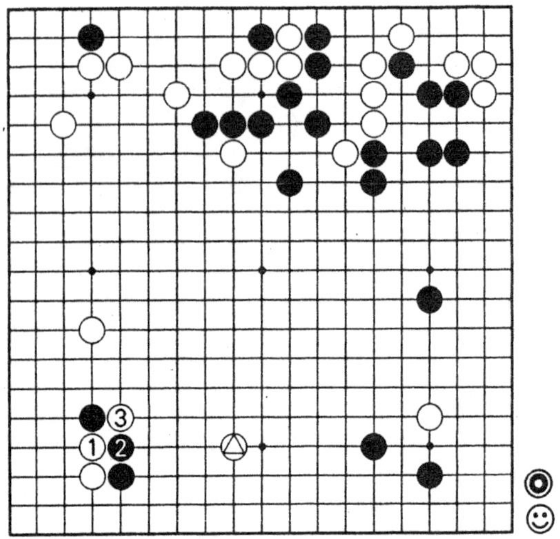

2 도 돌이 많은 곳에서의 싸움엔 기합이 필요하다

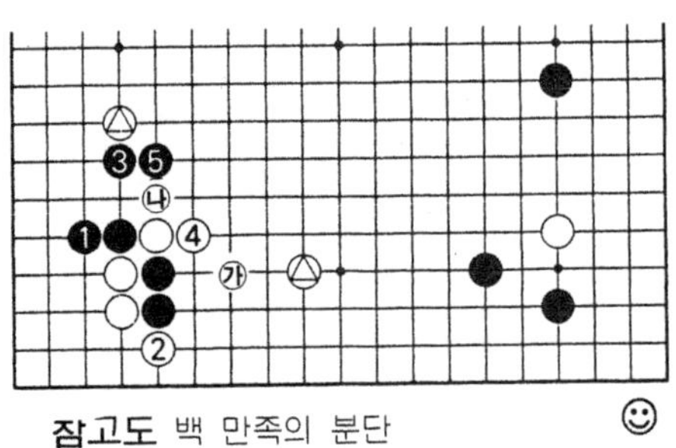

참고도 백 만족의 분단

　　2 도 백돌이 많은 곳에서의 전투엔 기합이 필요하다. 1 에서 **3** 으로 나가서 끊는다.
　　참고도 흑이 두면 **1** 의 내려섬에서 **3** 까지, 백 **4** 로 올라서면 백의 만족이다. 흑 **3** 으로 ㉮는 ㉯로 뻗는다. 백△ 표가 빛난다.

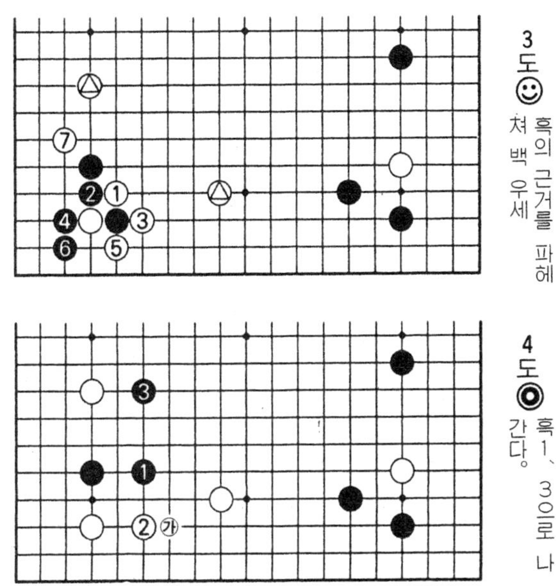

3도 백1로 젖히면서 나가면 혹 2 다음 3의 단수하는 맥이 유력하다. 혹4, 6으로 바꿀 때 백7이 급소. 백△표가 움직인다. **참고도3**, 혹2의 부딪힘에 백3의 뻗음은 혹 4, 백5까지 고전의 양상이다.

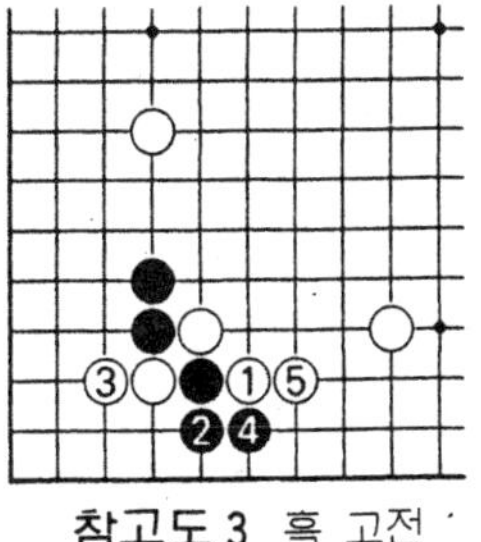

참고도 3 혹 고전

4도 본래 기본도의 혹의 바깥쪽 끊음은 본도1, 3으로 나간다. 혹의 일단이 안정되면 ㉮의 붙임이 느림.

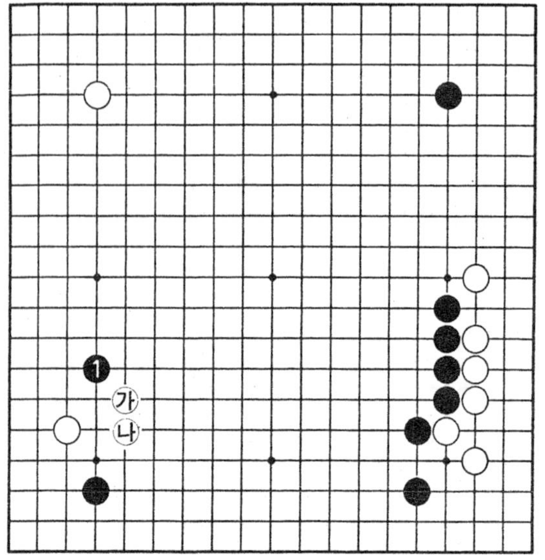

〈포인트 3〉 정석에 기대하는 심리적 마이너스

제 1 형
정석·포석에 '절대'는 없다.

중반에서 종반으로 가는 길목. 서반에는 절대의 한수가 자주 등장한다. 흑 1 에는 백 ㉮의 곳이나 ㉯의 곳에 두는 것이 정석의 상식이다.

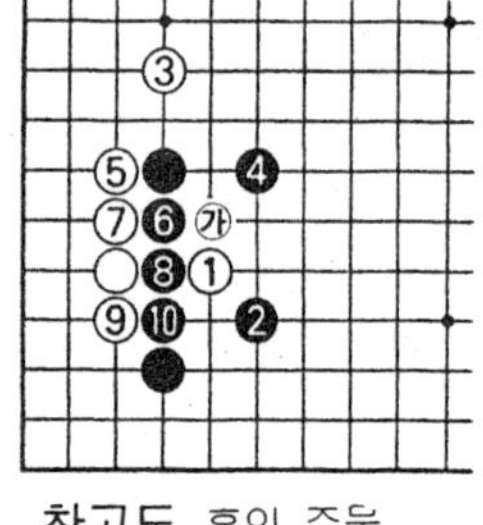

참고도 흑의 주문

참고도 백 1 의 뜀에 흑 2 의 뻗음. 하변에 큰모양이 생기는 흑의 주문이다. 백 1 로 ㉮는 흑 2 로 받는다.

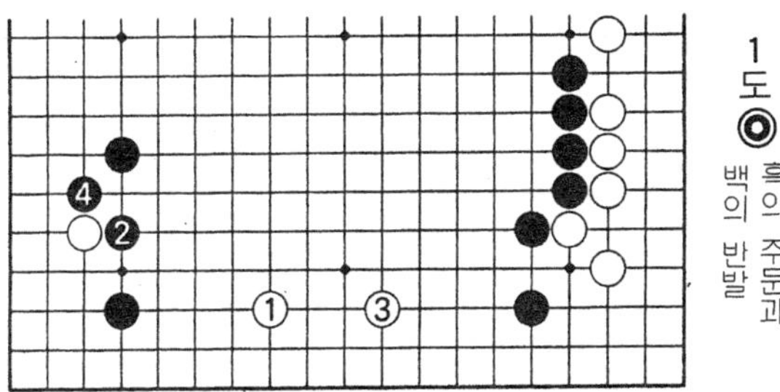

1도 그래서 백은 국면의 특수성을 살펴 1의 곳에 두어 반발을 꾀한다. 이에는 혹2의 붙임, 백3에는 혹4로 백이 심리적인 우위에 선다.

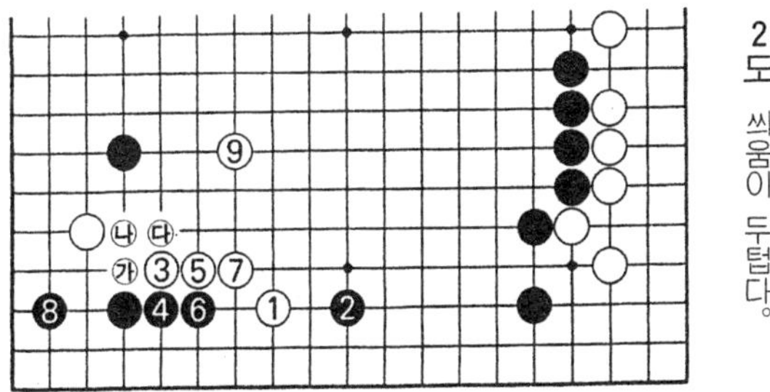

2도 혹2의 협공에 3의 씌움. 이하 9까지 다음 혹은 ㉮로 나가서 백 ㉯로 막을 때 ㉰의 끊음을 노린다.

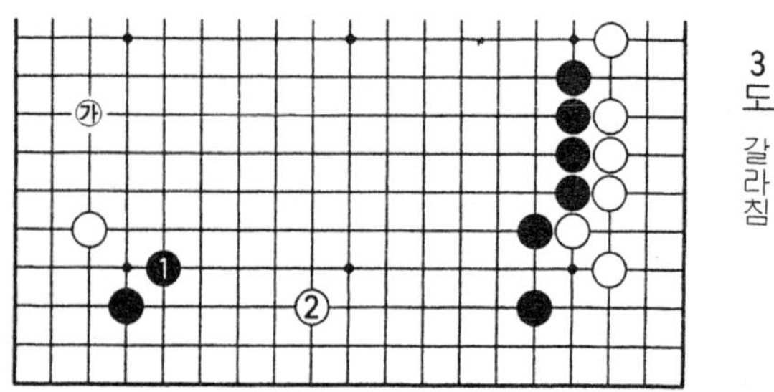

3 도 혹이 좌변에 마늘모로 두면 백 2 로 침입을 한다.　혹
㉮로 두어 전투의 스타트

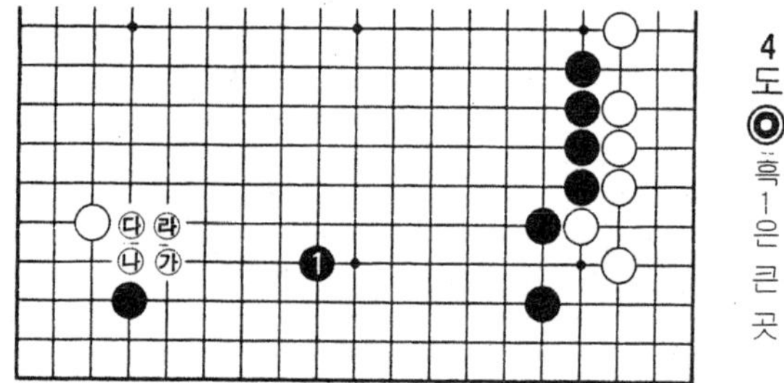

4 도 좌하귀에 두지 않고 혹 1 의 큰모양을 구상하는　것이
유력하다. 백㉮의 씌움이 예상되는데, 백이 ㉮로 씌우면 혹
㉯, 백㉰, 혹㉭로 끊는다. 이것은 창조적인 바둑이다.

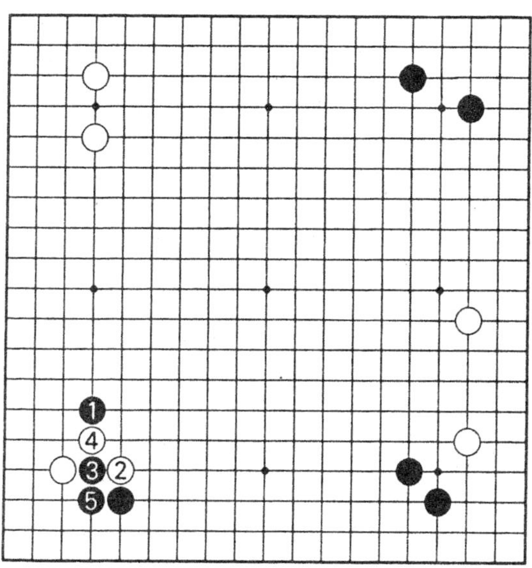

〈포인트 3〉 정석에 기대하는 심리적 마이너스.

제 2 형 정석에서 벗어나는 좋은 수도 있다.

정석은 부분적인 최선의 절충이 전국에 적합하지 못함은 다른 문제이다. 정석의 범위내에서 구상하고 상대를 전국적 관점으로 두어야 한다.

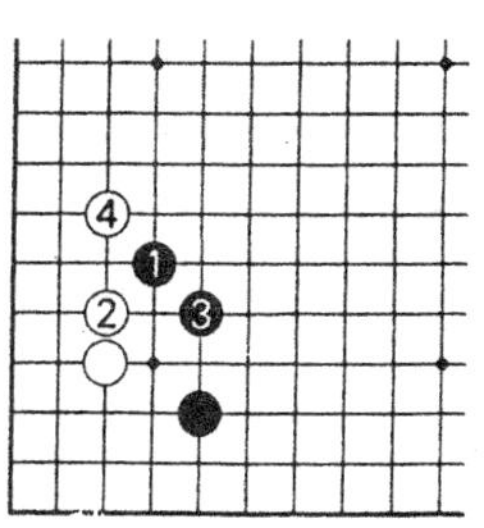

참고도 주문을 따름

혹 1의 대사백변에 백은 2, 4로 응수하였다. 참고도 백이 전투를 피하여 2, 4로 주문을 따른 것인가.

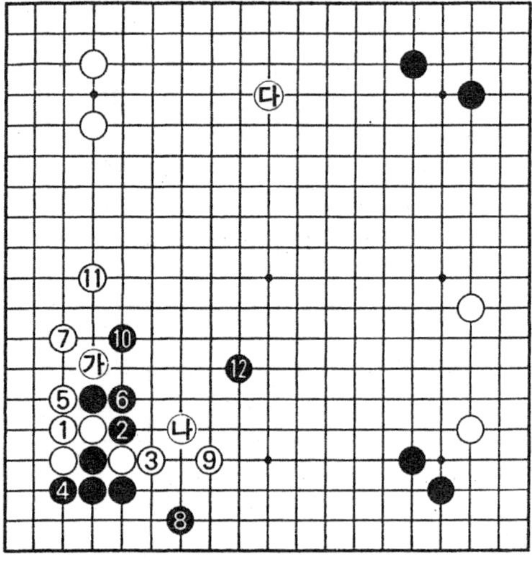

1도 백 1 의 밑으로 이음에서 3 까지 정면으로 전투를 벌이는 것은 흑의 대환영이다. 기본정석은 백 3 점을 공격하여 우세다. 백이 9 로 ㉮의 곳이면 흑㉯, 백㉰로 진행된다.

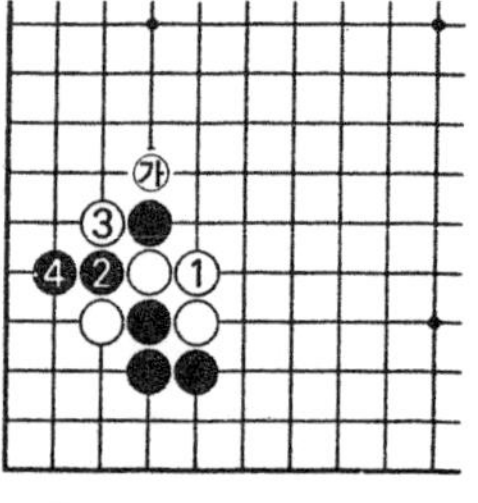

2도 축이 좋으면

2도 백이 위쪽을 이으면 흑은 계속하여 아래를 끊는다. ㉮의 흑은 성립하지 않는다. 다음의 한 수는 어딜까?

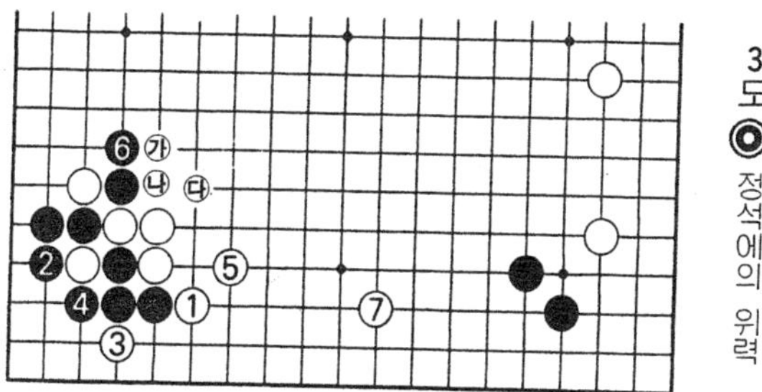

3도 전도에 계속하여 백 1 의 젖힘은 정석을 벗어난 것으로 유력하다. 흑 2 의 단수에는 백 3 의 붙임이 교묘하여 모양이 생긴다. 백 ㉮ 의 씌움으로 둘 수도 있다. 흑 6 으로 ㉯ 는 백 ㉰ 로 두터운 모양. 전국적으로는 호각이다.

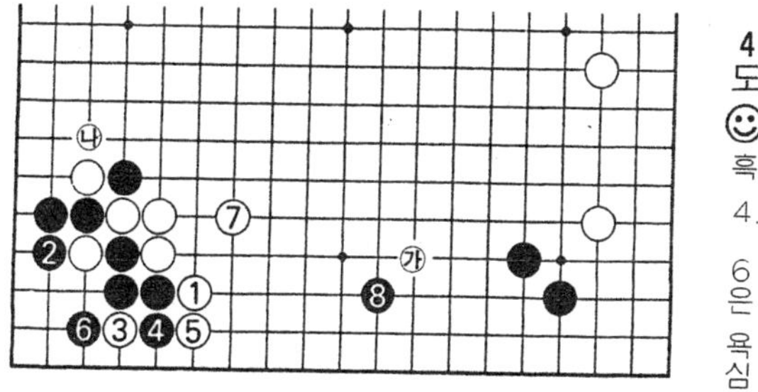

4도 백 3 의 붙이는 맥에 4, 6 은 욕심이다. 백 7 까지 정형. 다음에 ㉮ 의 어깨짚기나 백 ㉯ 의 뻗음이 남는다.   흑이 나쁜 모양이다.

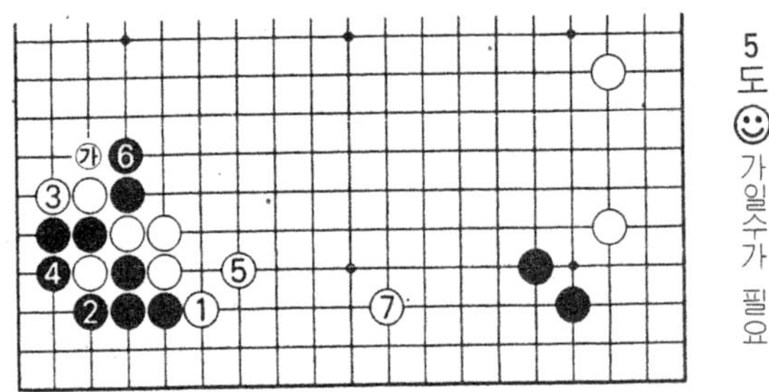

5도 흑2로 두면 백3의 이익이 남는다. 혹6의 뻗음은 ㉮의 한 수가 필요하다.

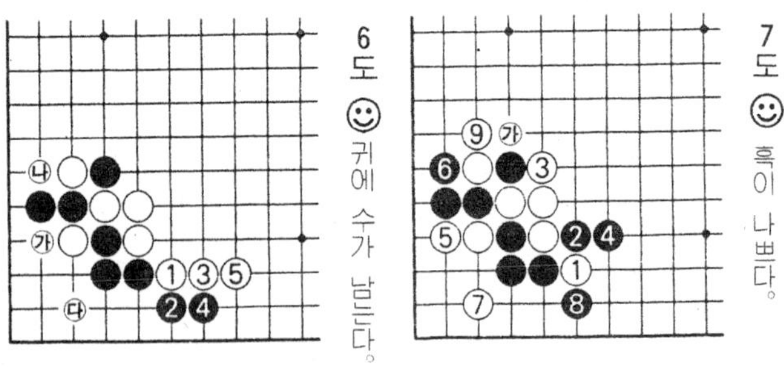

6도 혹2의 젖힘은 이하 백3, 5까지. 나중에 귀는 백㉮ 혹㉯ 다음 ㉰의 곳에 뛰는 수가 있다. 귀는 한 수 지킴이 필요하다.

7도 혹2의 끊음은 난폭함이 극에 달했다. 백3, 5 다음 7로 뛰면 흑이 반죽음 상태

제 1 장

정석을 무시한 타개와 이기는 방법(전국편)

본 장의 포인트

정석을 두지 않아도 바둑은 둘 수 있다. 이것이 현대정석의 체계로 최초의 일이다.

바둑은 4천년 동안 계속하여 두어 왔다. 정석은 3백년 전에 비교적 정착이 되었는데 50년전에 신정석을 두어 왔다.

「신포석」시대는 부분적에서 전국적으로 생각하기에 이르렀고 귀의 전투는 정석을 거의 무시하였다.

수년이 지나오는 동안 조금씩 시정되어와 고정된 당시의 정석 관념을 크게 무너뜨렸다.

대체적으로 백은 장기전을 꾀하고 혹은 단기전을 꾀하는 포석감각이 비교적 현대적이라 할 수가 있다.

지금도 많은 전투형 정석이 개발이 되고 있다.

3연성이니, 중국류니 신포석이니 등등 .

이 장에서는 정석의 높은 차원을 유추하여 3연성과 중국류의 대한 정석을 무시한 귀의 문제 등을 검토하여 보고자 한다.

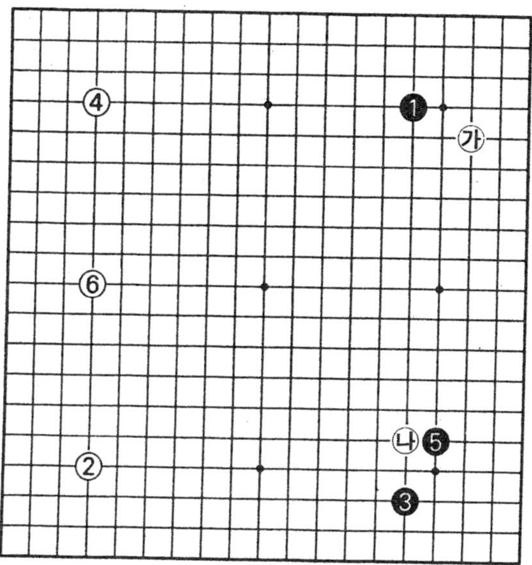

1. 신포석

제 1 형
신포석시대는 정석무용의 시대

신포석시대에는 정석 무용(矛用)의 시대였다.

부분적인 모양이 좋고 전국적인 대세관을 중시하였다. 당시의 대국자의 감상은 여기에서는 생략하기로 한다.

1, 3, 5 는 3 연성이 예상이 된다. 혹 5 로 ㉮의 곳 굳힘은 백 ㉯의 걸침이 날카롭다.

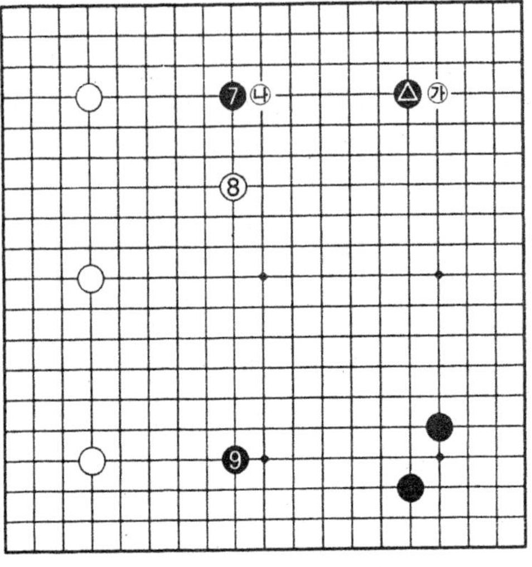

1 도《실전보 7 ~ 9 》둘 수가 작지 않으면

1도 흑⬤표가 ㉮의 곳
이면 흑7도 나의 곳이 정착
이다. 백8로 2도의 1로
두면 흑2가 전국적인 호점
이다. 백3으로 모자를 하여
도 모양이 좁고. 얇아서 불
만이다.

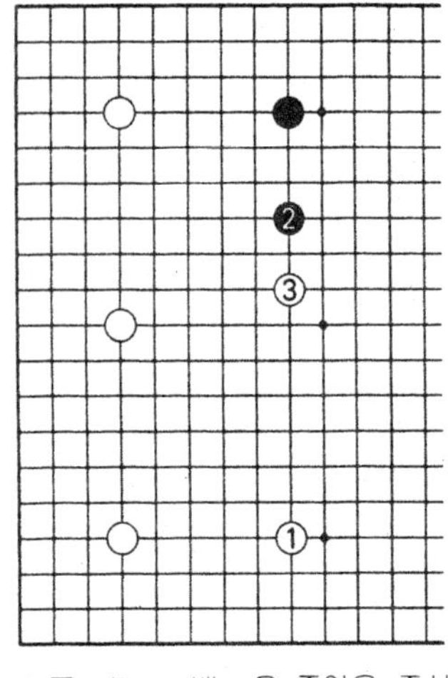

2 도 흑 2, 백 3은 중앙을 중시

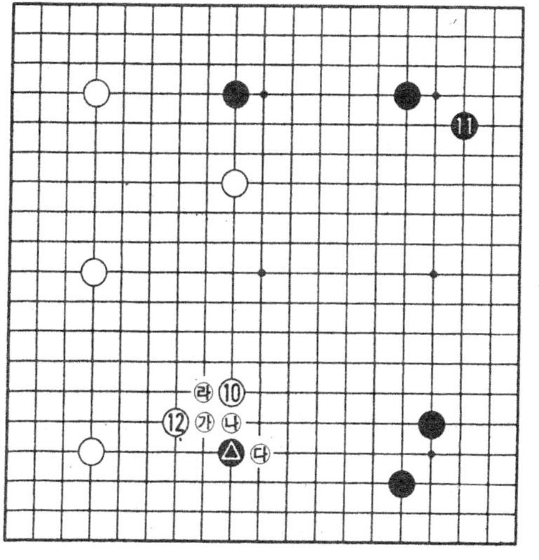

3도 백10으로 ㉮의 곳에 씌우면 흑㉯로 두어 타개를 한다. 만약 흑 ▲표가 ㉰의 곳에 두면 백⑩은 맥이다. 흑이 11로 4도와 같이 두면 호각의 갈림이다.

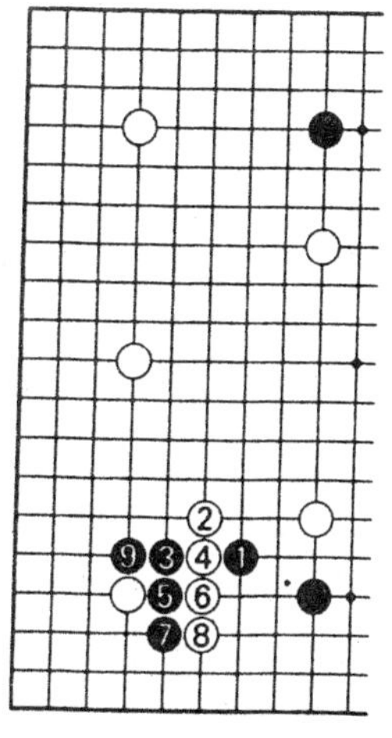

4도 부분적인 호각의 갈림

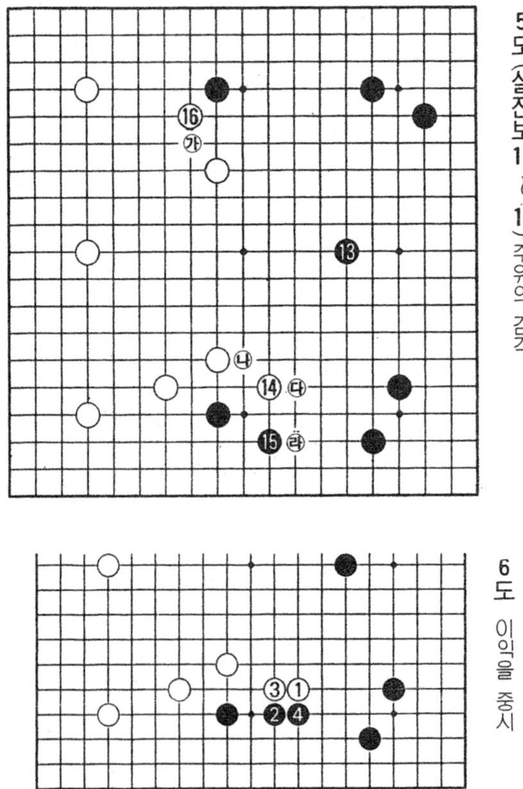

5도 혹13으로는 ㉮의 곳 진출도 유력하다. 백14의 마늘모에 혹15로 받게 한다. 다음 혹은 ㉯의 곳의 붙임이 노림으로 남는다. 백이 ㉰의 곳에 두면 혹도 ㉱의 곳을 달린다. 6도의 혹2로 받는 건 좋지 않다. 혹13은 모양을 키움과 동시에 중앙전투에 대비한다.

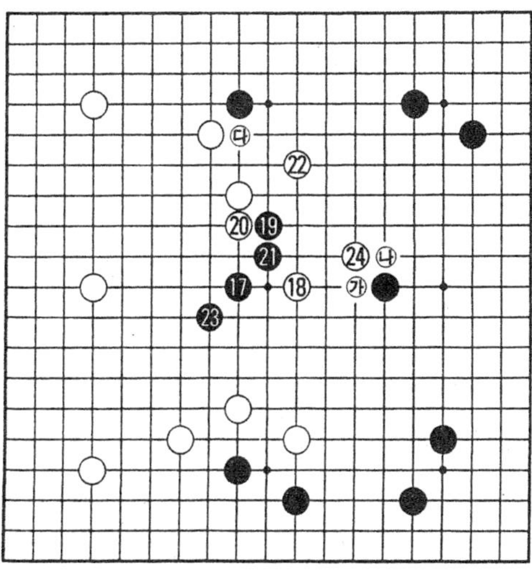

7 도 (실전보 17~24) 삭감

7 도 흑17로 뛰어드는 수에 대해서 살펴보자.

8 도의 백 1 로 직접 뛰어들면 백 2 의 날일자가 두터운 공격이다. 혹은 ㉮, ㉯의 곳에 붙여 삭감하는 수단을 노린다. 실전보의 17은 하변이 엷어질 공산이 크다. 백18은 당연하다. 백20으로 ㉮, ㉯, ㉰로 공격하는 것도 생각해 볼 수 있다.

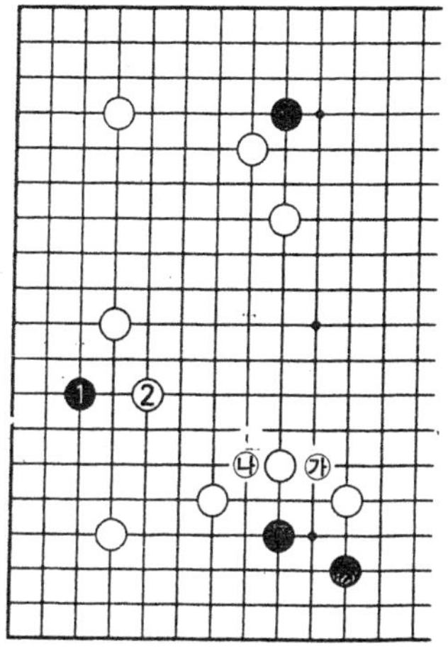

8 도 침입과 두터움

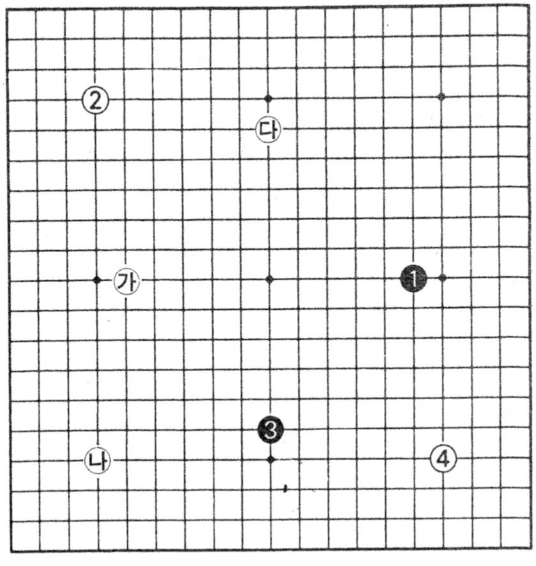

1. 신포석
제 2 형
정석을 무시한 포석과 타개

「신포석」적인 포석은 결국은 대세에 따를 감각이다. 정석을 무시한 최선의 수를 발견하는 것이 필요하다. 흑1, 3은 중앙으로 들떠있는 모양이다. 흑5로 흑㉮, 백㉯, 흑㉰가 이상형이다.

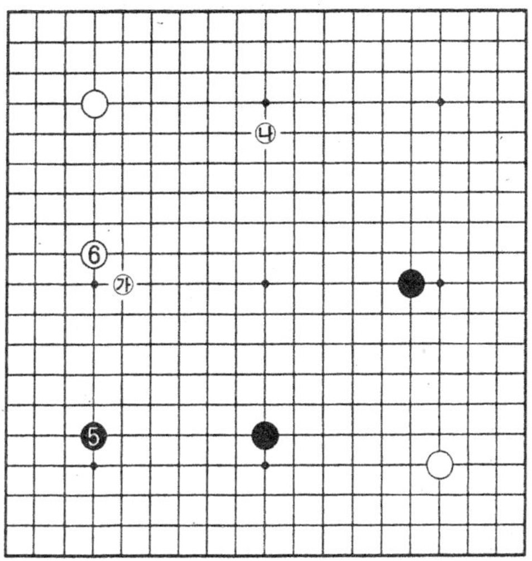

1도(실전보 5~6)

1도 혹5로 ㉮의 곳은 백이 ㉯로 이상형을 방지한다. 이것은 좋지않다. 그래서 혹5로 귀를 향한다. 그래서 백6인데ㅡ. 참고도1의 1의 곳에 걸치면·이하 11까지가 갈림이다. 혹⬤표의 전개가 좋다. 혹의 동(動)대 백의 정(靜)이다.

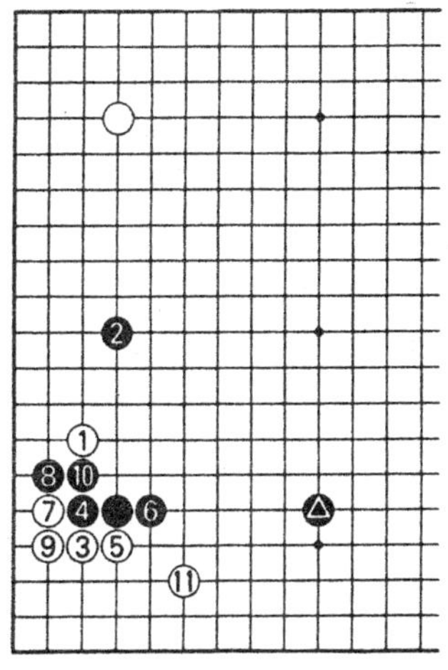

참고도 1 흑⬤표가 전개되어 있는 모양에 백의 걸침.

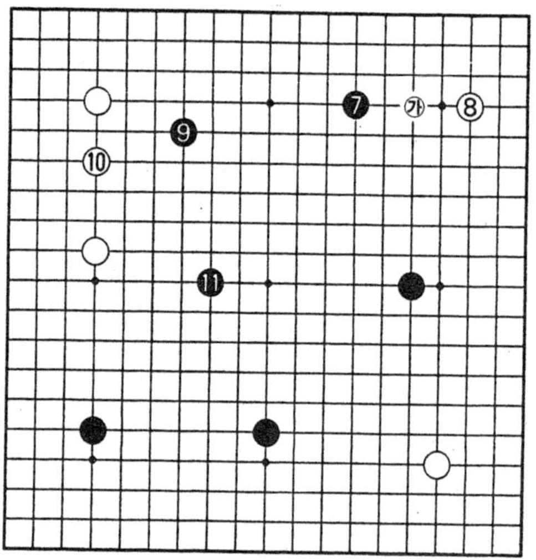

2도 흑7은 중도반단으로 이를 ㉮에 두기도 한다. 3도 흑1의 걸침이나 ㉮의 곳에 두는 수─. 백8이 호착으로 흑7이 들떠있는 모양이나 흑9, 11로 중앙에 대모양을 구축한다.

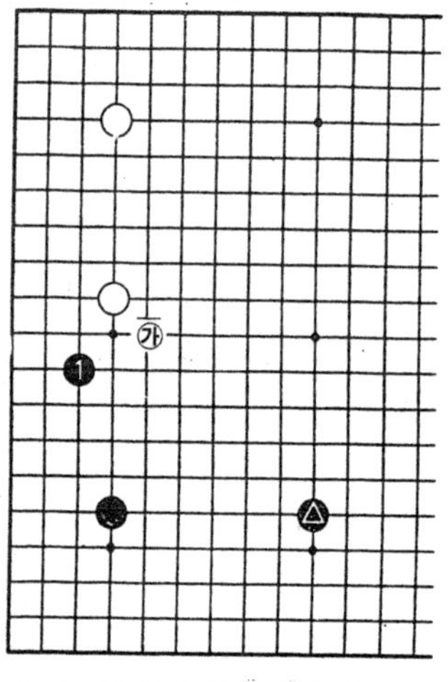

3도 흑 ▲표를 움직인다.

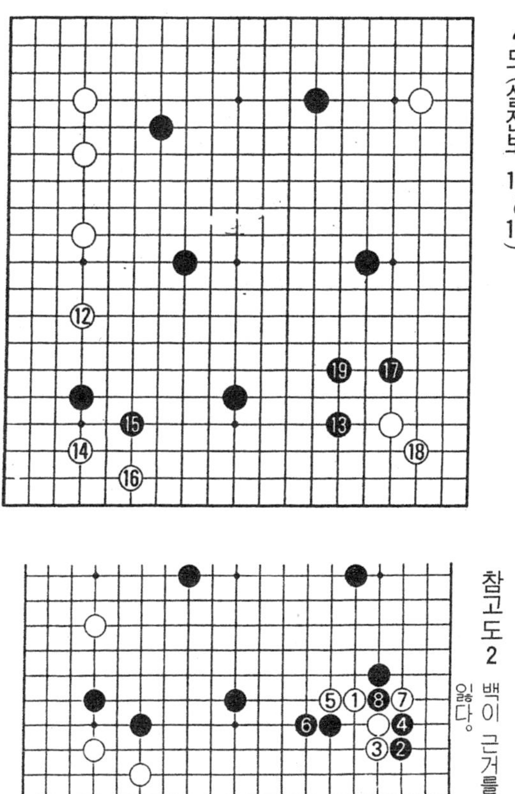

4 도 백12는 착실한 벌림이자 협공이다. 14로 두는 수는 백이 17의 곳에 받는 수도 좋다. 백14, 16으로 상당한 전과. 혹17의 양걸침이 날카롭다. 백18로 참고도 2의 마늘모는 일시에 근거를 잃는다. 그래서 백이 18이면 혹은 19로 모양을 키우며 산다.

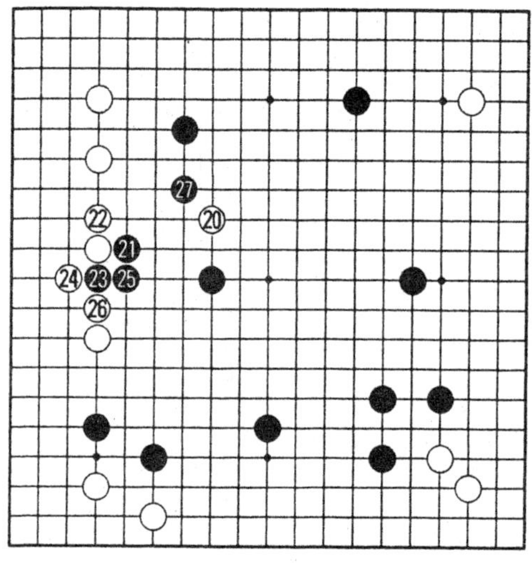

5도 백20은
의문이다. 혹
21 이하 27까
지로 큰그물에
걸린 모양이다.
백20으로는 참
고도 3 의 백 1,
혹 2 다음 백
3 으로 붙여
타개한다.

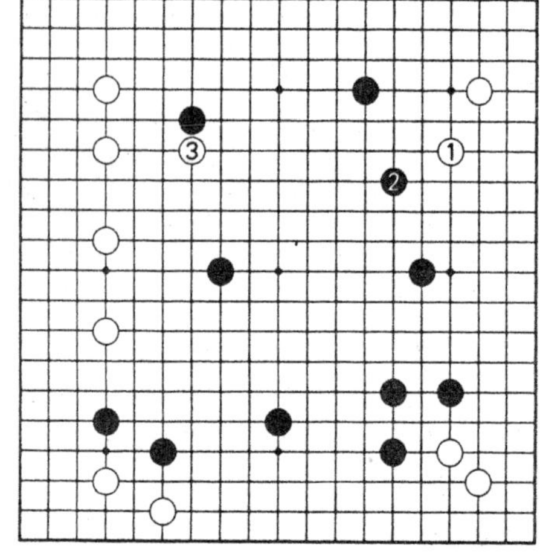

참고 3 백의 삭감 방법

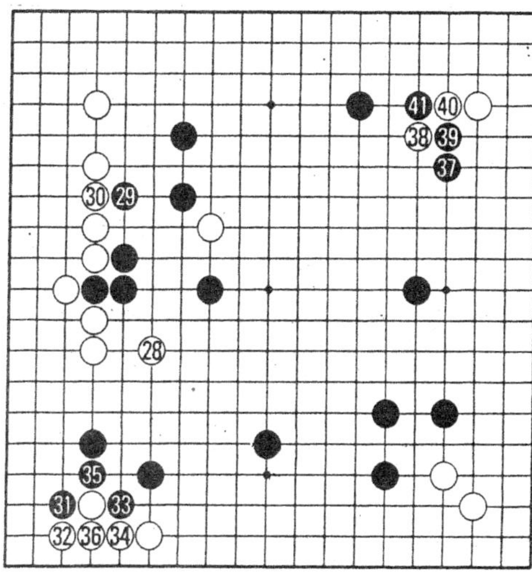

6도 흑31이
하의 선수는
문인가, 흑37
이하로 대모양
의 완성이다.백
38로는 참고도
4 백1 다음
3으로 뛰어나
와 승부수를
띄운다.

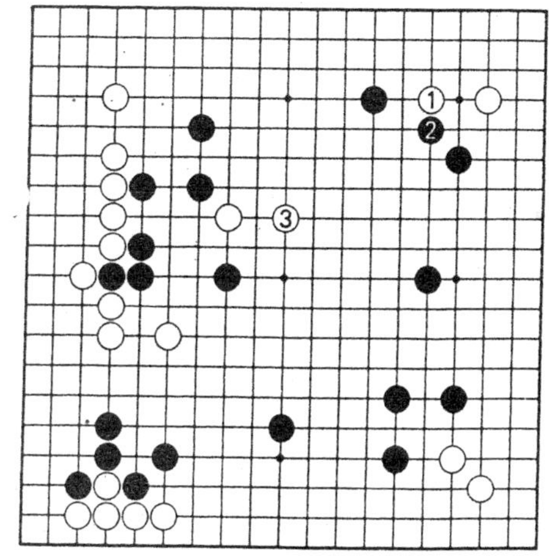

참고도 4 승부수

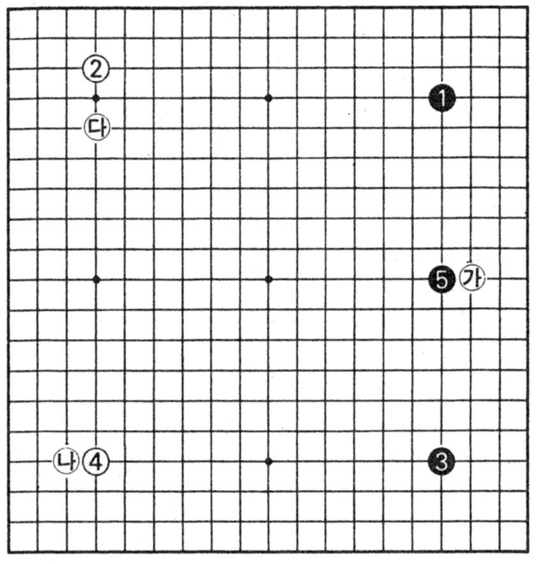

2. 3 연성

제 1 형
선수로 포진한 3 연성

　정석을 무시하고 초반에 3 연성으로 포진을 하였다. 대모양
을 구축한 실전의 예를 살펴보자. 흑1, 3 의 2 연성에 백은
흑의 3 연성이 싫으면 ㉮의 곳을 둔다. 다음 흑㉯의 소목
으로 귀를 둔다. 이것은 ㉰의 씌움을 예방한 구도.

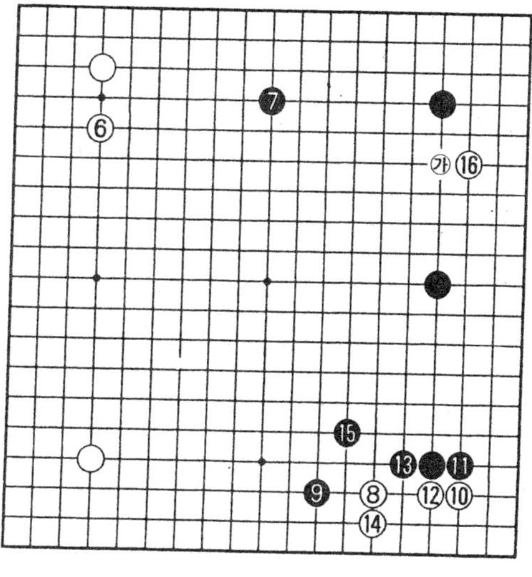

1도 흑 7로 대모양을 구축하면 백은 8로 걸친다. 그다음 백8의 걸침. 바깥쪽에서 두는 것이 3연성 운용의 제 1 의 문제점이다. 본국은 이하15까지 된 다음 백16으로 걸쳐갔다. 이곳이 제 2 의 문제점이다.

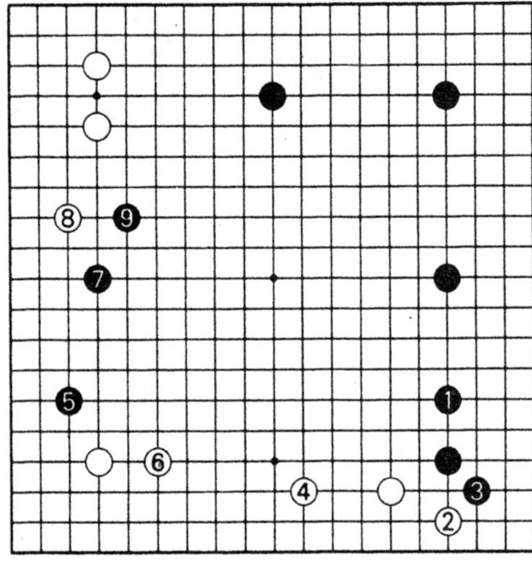

2도 1도의 흑9로 1로 받는 것도 한판의 바둑이다. 흑도 좌변을 5로 걸쳐간다.

3도 흑1로 모양을 키우며 두는 것도 한판의 바둑. 백의 3·3의 침입은 흑 우변 모양이 너무나 크다.

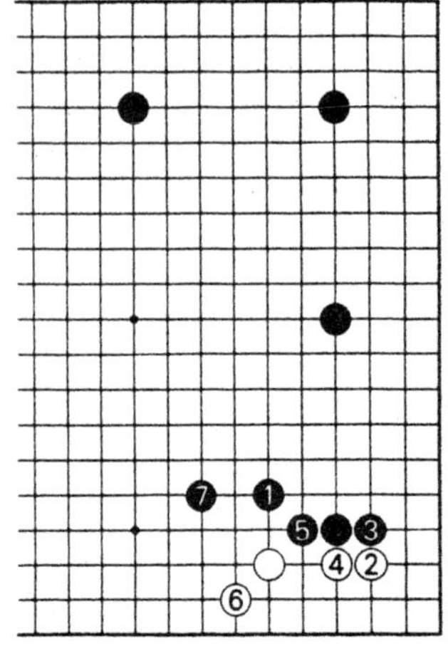

3도 모양이 크다

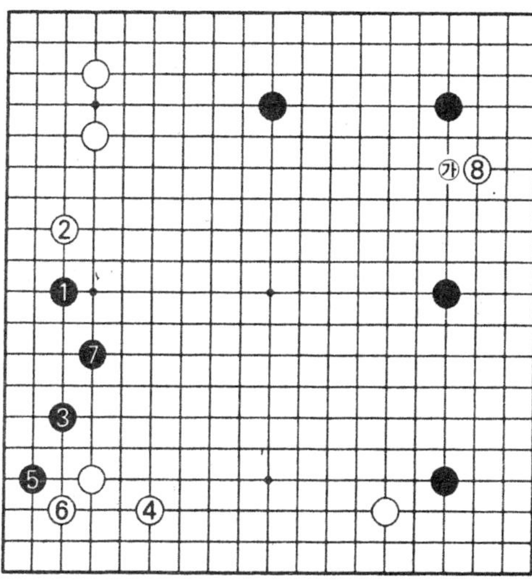

4 도 또 1 도의 백 9 로 좌변으로 향할 수도 있다. 백 8 의 걸침은 ㉮의 곳에 두는 수도 있다.

5 도 (전도의 계속) 안쪽을 막음엔 흑 1, 3 이 절대이다. 흑 9 까지의 진행을 생각할 수 있다.

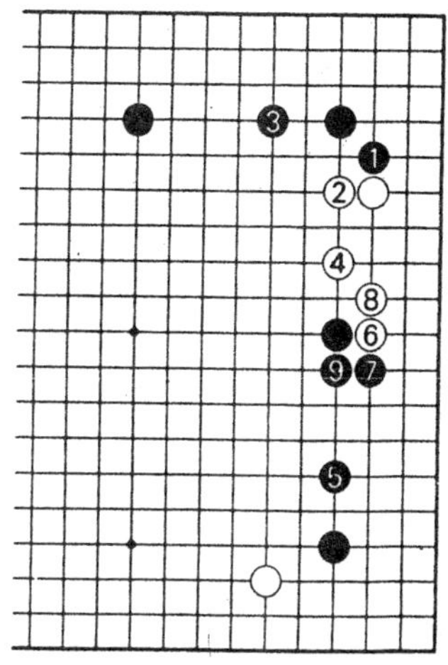

5 도 안쪽 막음의 모양

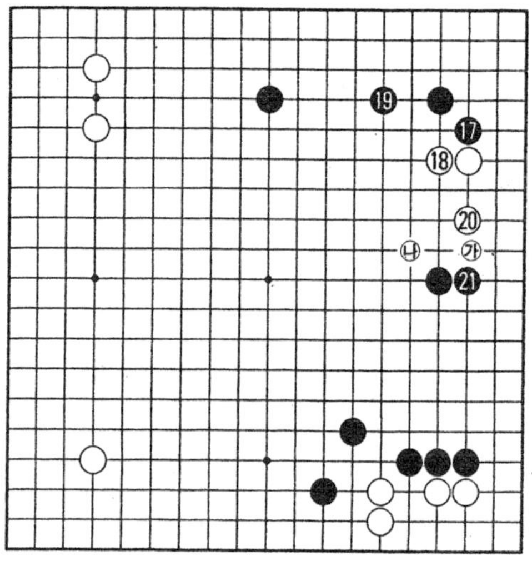

6 도 (실전보 17~21) 21의 철주가 호수

6 도 흑17의 마늘모로 백을 무겁게 만든 다음 백이 20으로 저항하면 흑21의 철주가 알기쉽다.

참고도 1 6 도의 백20으로 1 의 곳을 미끌어지는 것은 흑 2 의 부딪힘이 맥이다. ㉮와 ㉯의 맞보기로 어떻게 변하여도 흑이 좋다.

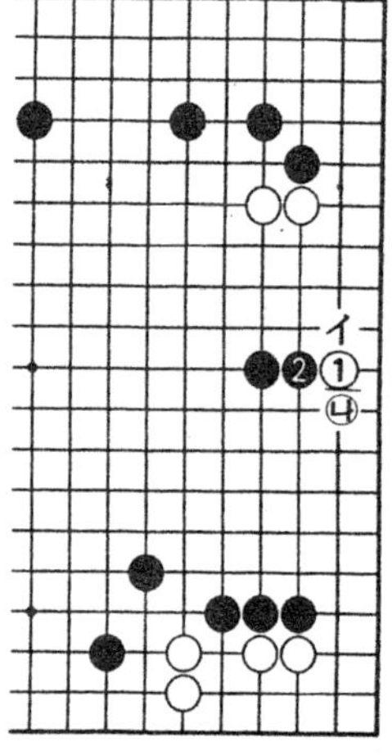

참고도 1 엷은 수의 미끄러짐

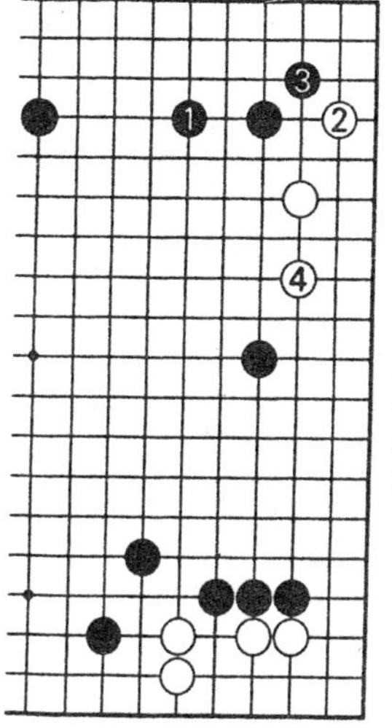

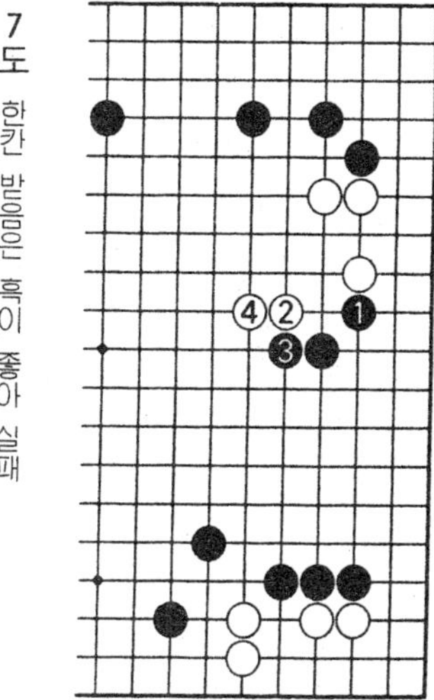

7도 6도의 흑17의 마늘모로 1로 한칸 뜀은 백2, 4로 쉽게 안정되어 실패.

8도 6도의 흑21의 철주로 흑1의 마늘모는 백2, 4의 뻗는 맥이 있다.

참고도2 8도의 흑3으로 1, 3으로 두는 것은 백4, 6 다음 백10의 붙이는 맥이 있다.

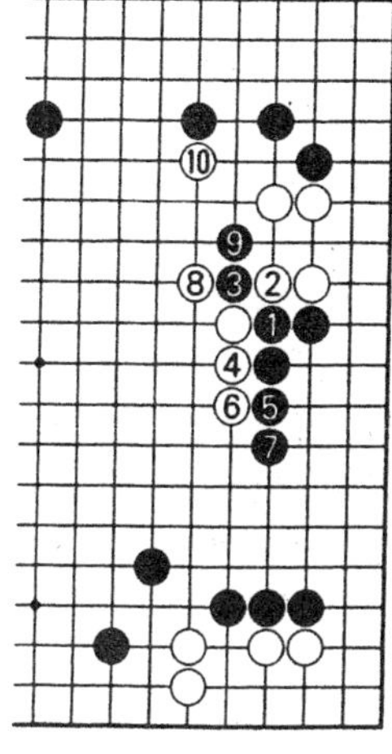

참고도 2 뻗음의 맥

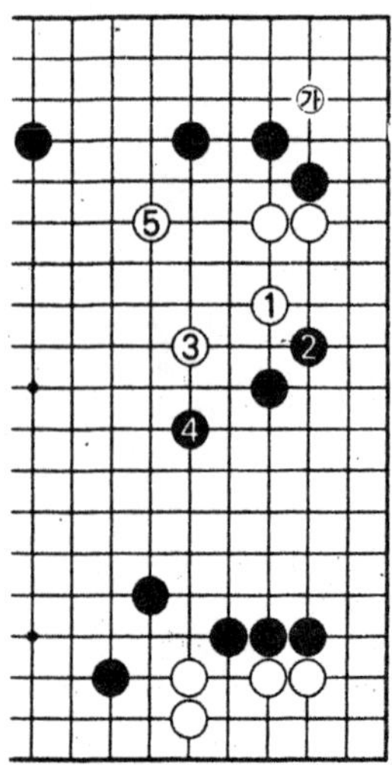

9 도 마늘모의 조화

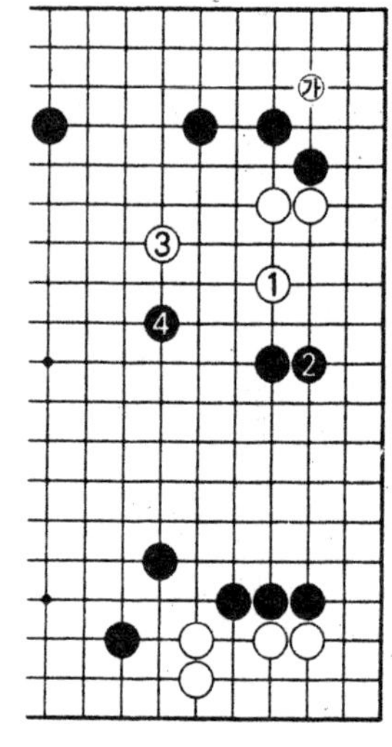

10 도 높은 철주

9도 6도의 백20으로 백 1 로 한 칸 높게 두면 흑 2 다음 백 3, 5 로 이상형이다. 이후에 ㉮의 3·3 침입을 노린다.

10도 백 1 의 한칸 뜀에는 흑 2 의 철주가 유력하다. 백 3 에 흑 4 로 ㉮의 침입을 견제한다.

참고도 3 백 3 의 마늘모에는 흑 4 로 추격한다. 백 3 으로 ㉮의 곳이면 흑 3, 백 ㉯, 흑 ㉰의 끊음으로 전투가 벌어진다.

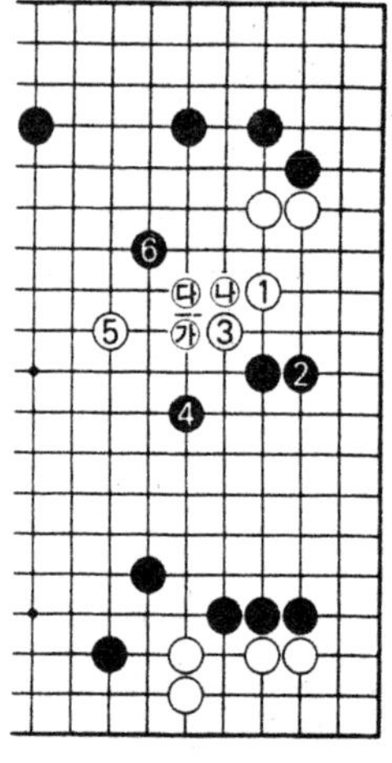

참고도 3 아래가 견고함

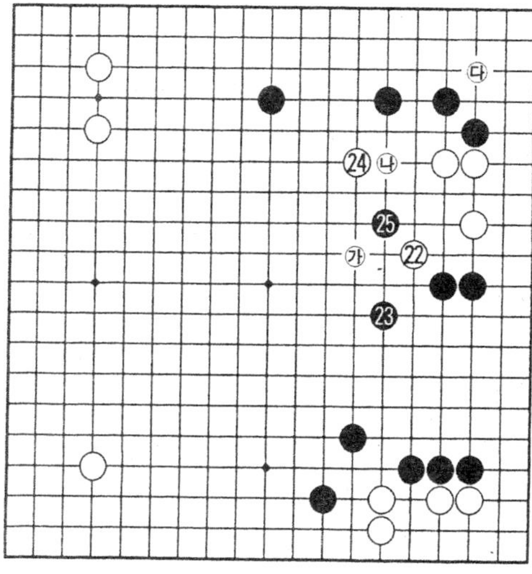

11도 백22에는 흑23으로 받아 우
하변의 집을 견고히 한다. 백이 ㉮
로 두는 것은 ㉯의 곳에 흑이 두어
백 일단이 공격을 받는다. 백㉰ 의
3·3은 흑25가 있어 좋지않다.

참고도 4 흑1의 날일자가 부드
러운 공격법인데 백2로 지키면 흑
3의 한칸이 견고하다. 다음에 흑㉮
로 뻗어서 공격함이 있다.

참고도 4 날일자 이후의
조화있는 공격

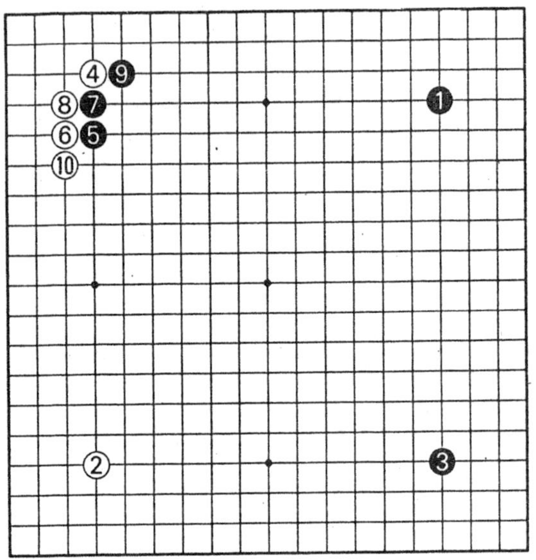

2, 3연성

제 2 형
걸치는 모양에서의 3 연성

혹의 3 연성의 포석이다. 우상의 절충이 3 연성의 발전형이다.

참고도 1 백 1 의 밑으로 붙이면 혹 2 의 막음이 백의 주문이다. 그러니까 기본도의 백 4 는 우변의 2 연성의 모양에 견제의 의미가 짙다.

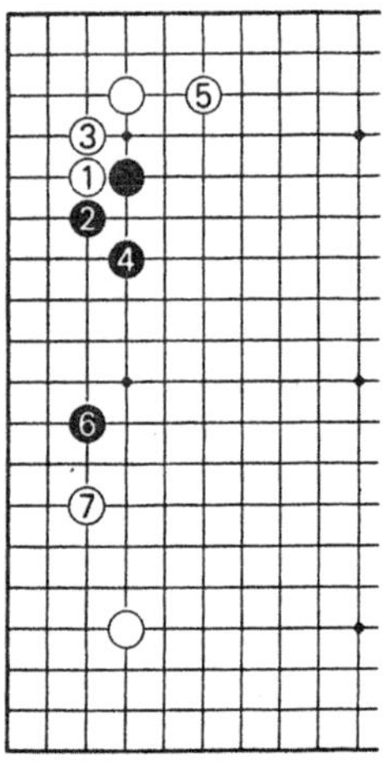

참고도 1 백의 주문

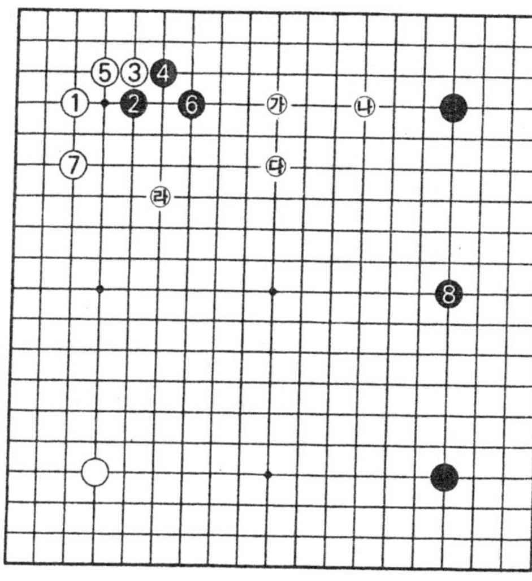

1도 백의 소
목의 위치가 1
의 방향일 때는
혹2의 높은 걸
침이 정착이다.
백7까지 된 다
음 8의 3연성
이 좋다.

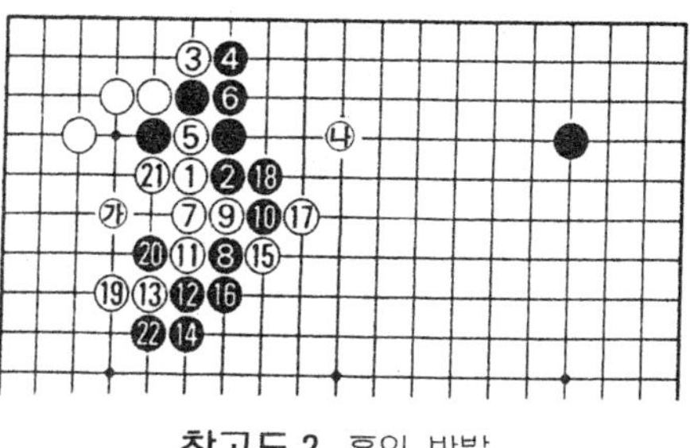

참고도 2 흑의 반발

이 다음에 백㉮에 흑㉯, 백㉰, 흑㉱의 진행. **참고도 2**
전도의 백7로 1의 곳에 두면 흑5, 백㉮가 기대된다. 만
약 흑이 2로 반발을 하면 이하 **22**까지 3연성이 크게 발동을
한다.

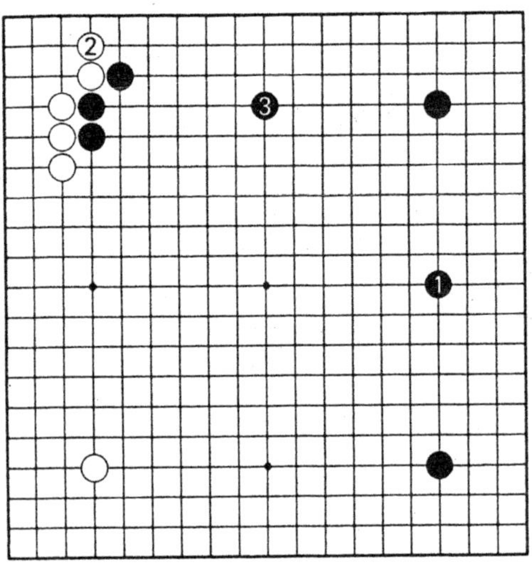

2도· 정석 무용의 구상

2도 기본도
의 좌상의 정
석진행을 중단
하고 직접 3
연성으로 두는
것은 정석을 무
시한 포석이다.

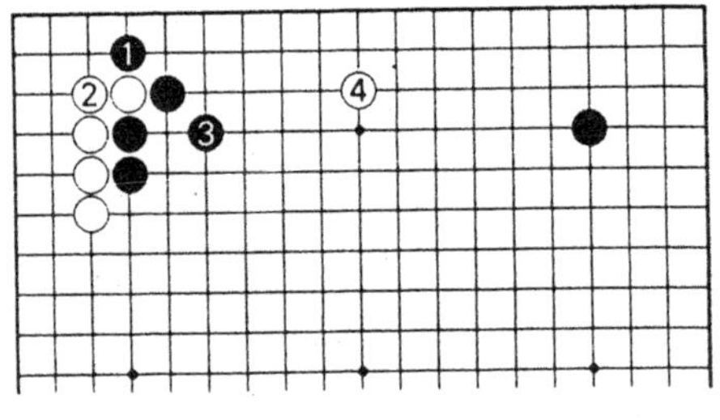

3도 3연성의 활력

백2에는 혹3이 전국적인 대세감각이다.

3도 부분적으로 혹1, 3으로 알기쉽게 처리하는 수도 있
다 장기전의 양상으로 3연성이 발동한다.

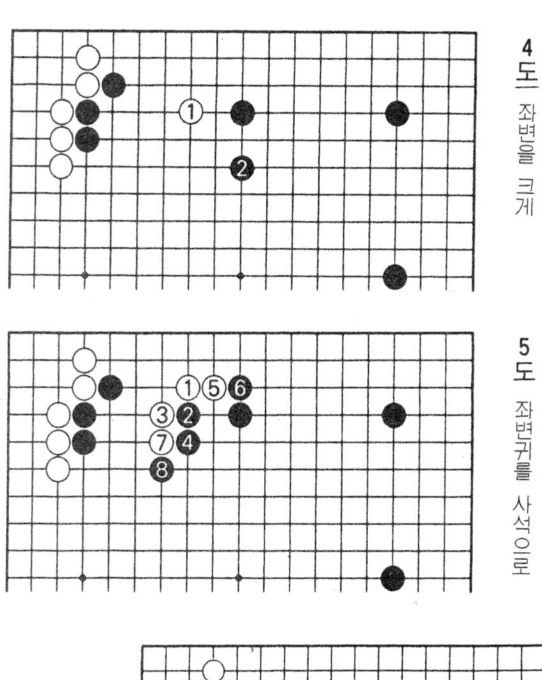

4 도 좌변을 크게

5 도 좌변귀를 사석으로

4 도 2 도 혹 3 에는 백 1 의 침입이 있다. 그러면 혹 2 의 한칸 뜀이 좋아 보이는데―.

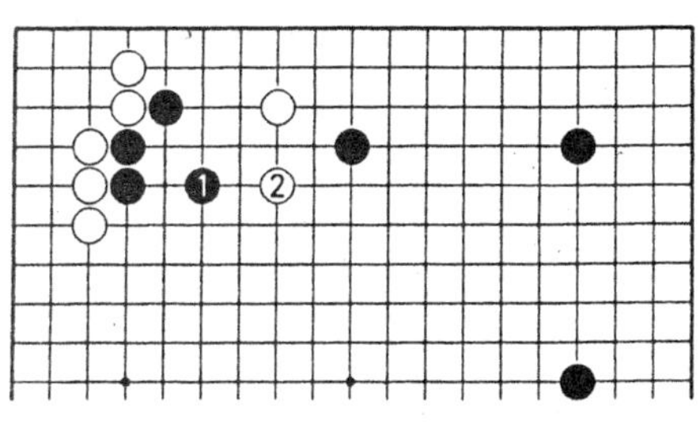

참고도 3 도망하여 나가는 것은 혹의 모순

5 도 백 1 에 혹 2 의 붙임은 이하 사석작전으로 일관하는 3 연성의 구상이다.

참고도 3 혹 1 로 좌상귀를 지키는 것은 모순. 백 2 의 한칸 뜀으로 다음 응수가 어렵다.

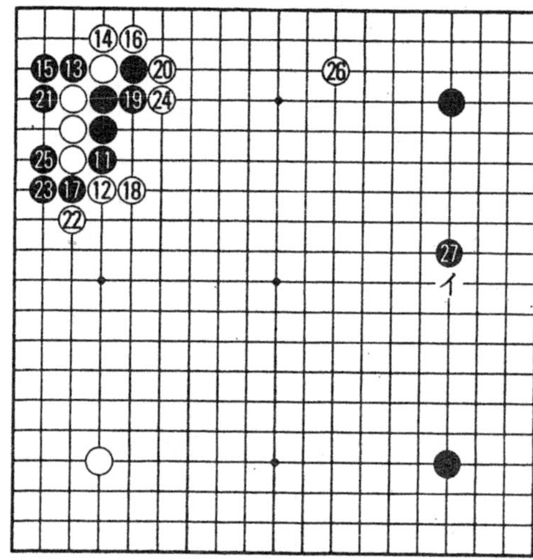

6도〈실전보11∼27〉 3연성의 변화

 6도 2도의 타개방법으로 하지 않고 실전에서는 흑11로 밀었다. 백 12로 17은 다음 ㉮의 곳에 달려가 3연성이다. 백12의 젖힘에서 25까지는 우변을 의식한 정석의 변화다. 백26의 걸침에는 흑27로 한칸 안쪽의 응수가 좋다.

 참고도 4 이것도 비슷한 국면인데 백6으로 안쪽을 선택하는 것이 실전례이다. 이하 백26까지 급전의 양상인데 이것은 3연성을 방지한다.

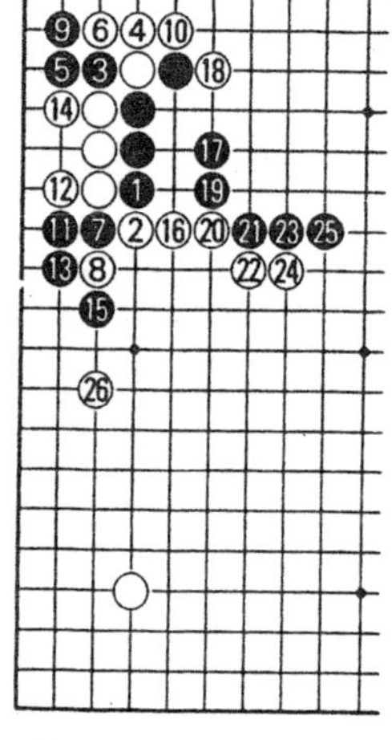

참고도 4 안쪽 끊음의

실전례

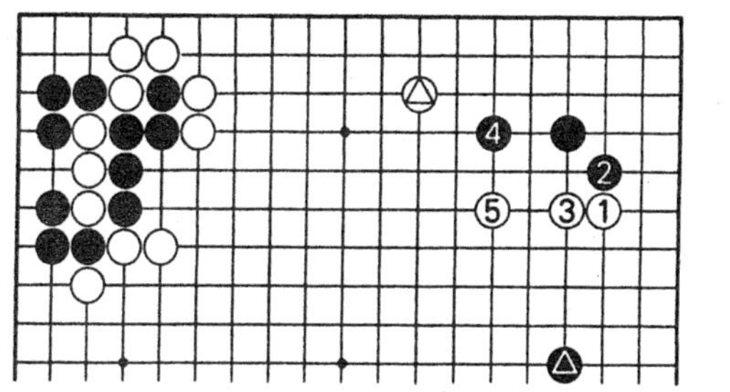

7 도 6 도의 끊음 다음 좌상귀의 절충의 결과 혹의 우변
포석은 최초의 3 연성으로 돌아간 모양이다. 6 도의 혹27로
된 3 연성의 포석엔 좌상의 백 1 의 걸침에서 백 5 까지 백 △
표가 있어 두터운 모양이다.

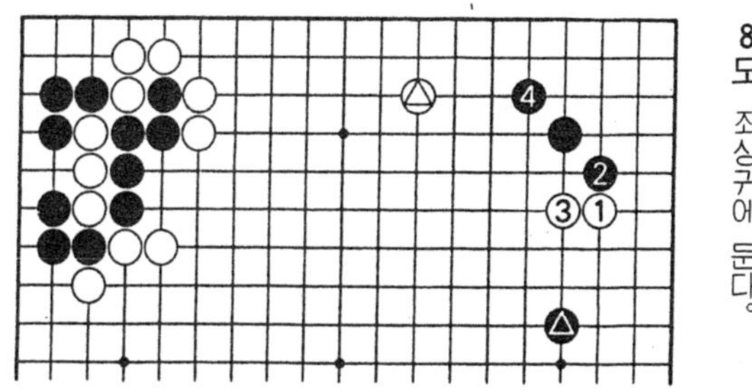

8 도 실전에 혹 ● 표가 한칸 앞으로 당긴 것은 백의 두터움
을 생각하여 둔수다. 백의 좌상이 두터우므로 혹의 포석은 주
위의 상황에 따라 두어야 한다.

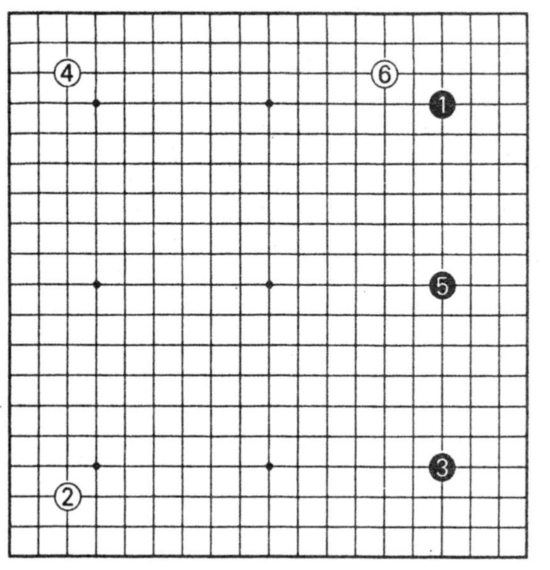

2. 3연성

제 3 형
3연성의 약점을 타개하는 방법

3연성은 4선의 배석인데 백의 대책은 흑 모양이 크므로 장기전을 꾀해야한다. 여기서 백의 페이스에 대해 살펴보자. 기본도를 보면 흑5의 3연성은 당연한 구상인데 백6으로 걸쳐 흑의 외세와 백의 실리의 갈림이다.

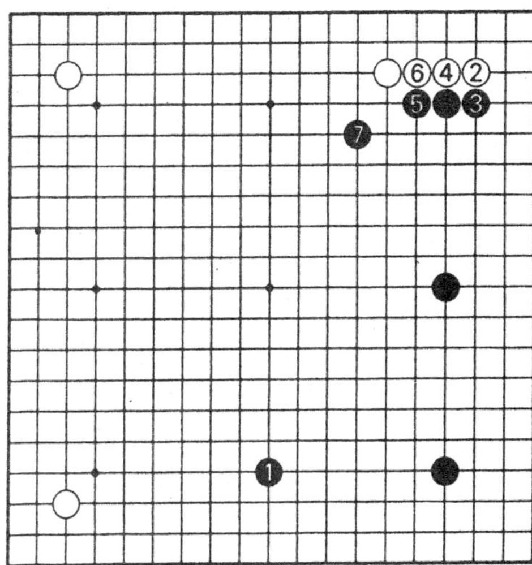

1도 혹1로 큰것을 향하면 백2, 이것은 혹7까지를 생각할 수 있다. 아주 유력하다.

2도 혹1의 날일자는 백2의 3·3이 좋다. 혹5까지의 모양은 전도보다 떨어진다. 혹5로 ㉮, 백㉯, 혹㉰의 모양이 단조롭다. 백은 다음에 ㉱의 곳.

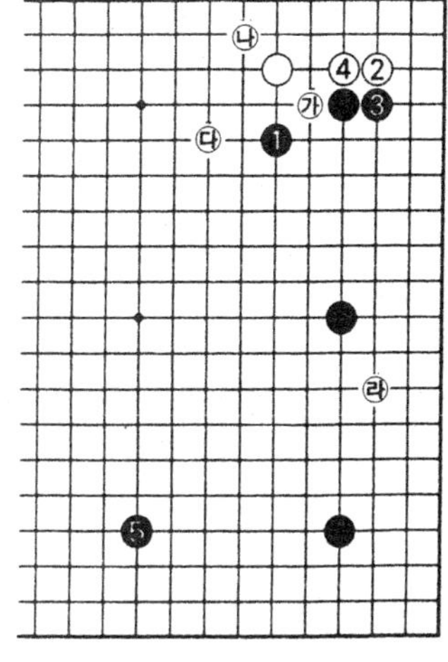

2도 혹1의 날일자는 1도보다 떨어진다.

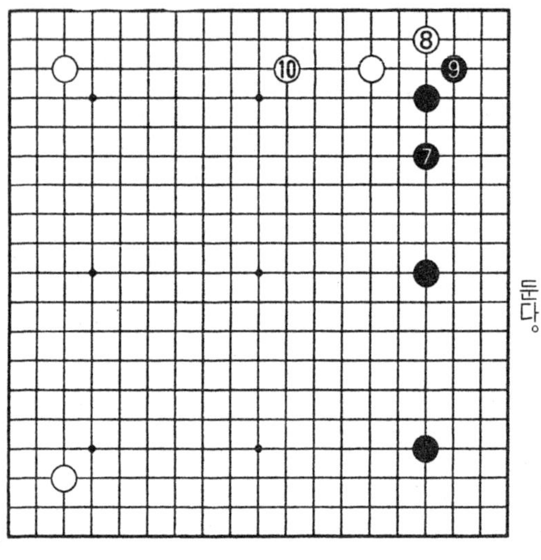

3 도 (실전보 7~10) 3·3을 의식하여 실리를 둔다.

3 도 흑 7 의 받음은 실리를 의식한 수. 백은 8, 10까지. 부분적인 수법이다. 전국적인 싸움으로 나쁘다.

4 도 흑 1 의 협공에 백 2 의 3·3. 백 2 이하 흑 7 까지 봉쇄는 외길. 그러면 백 8 의 침입의 진행이다.

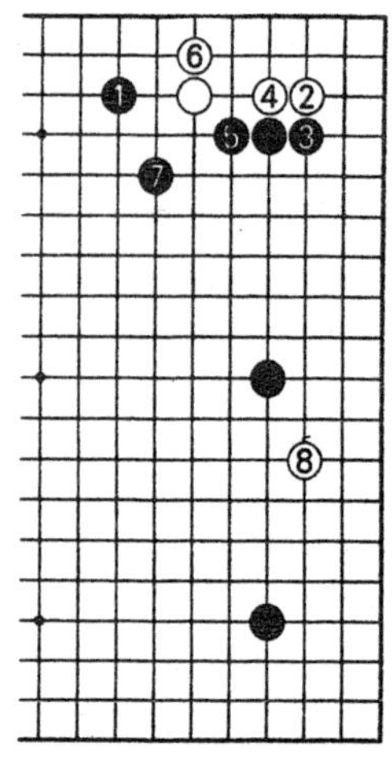

4 도 3귀의 실리는 흑이 나쁘다.

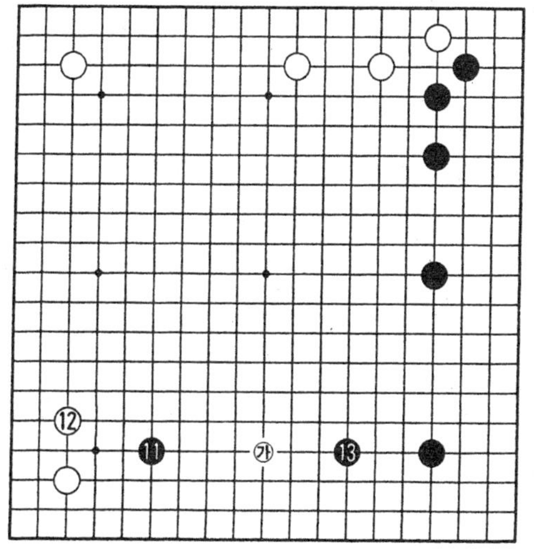

5 도 혹은 좌하귀에 걸친다. 백12 다음 혹13으로 전체적인 조화. 혹11로 ㉮의 곳을 두는 것은 막연한 느낌이다.

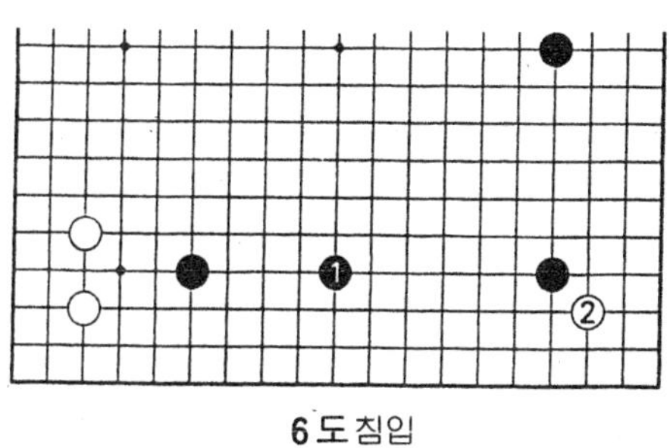

6 도 침입

6도 혹 1 의 화점은 백 2 의 3·3 침입으로 실리를 빼앗겨 나쁘다.

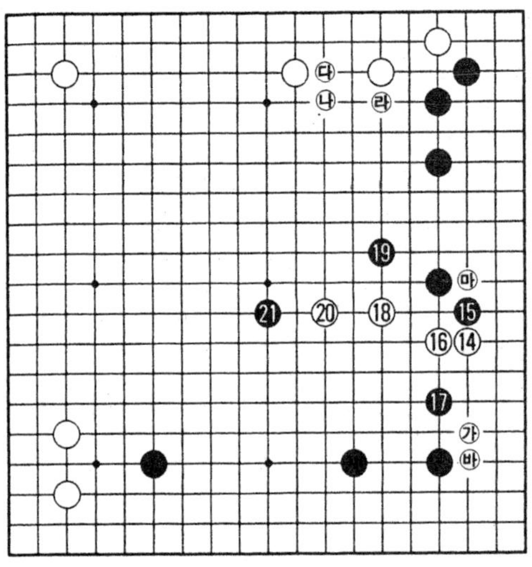

7도 백14는 흑 모양의 돌파시기. 흑이 ㉮로 지키면 우변에 확정지가 생긴다. 흑㉯, 백㉰, 흑㉰로 모양을 키우는 수가 있다. 흑15, 17의 공격은 포석이후의 타개. 흑15로 ㉱의 곳을 두면 백㉲의 붙임이 즐겁다.

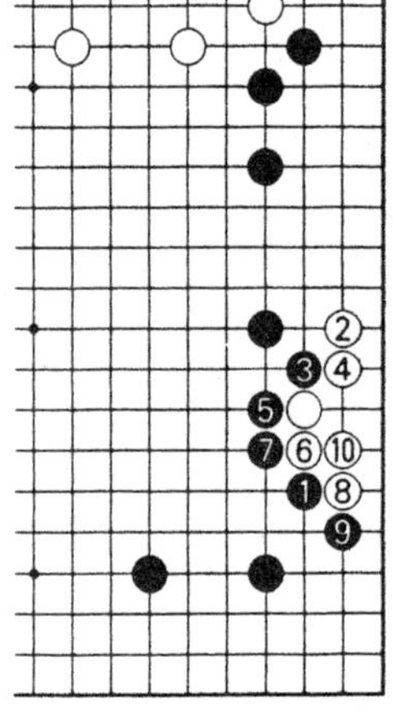

8도 이것은 별법이다. 흑1의 날일자는 백10까지 살지만 흑이 달콤하다.

8도 흑 달콤하다

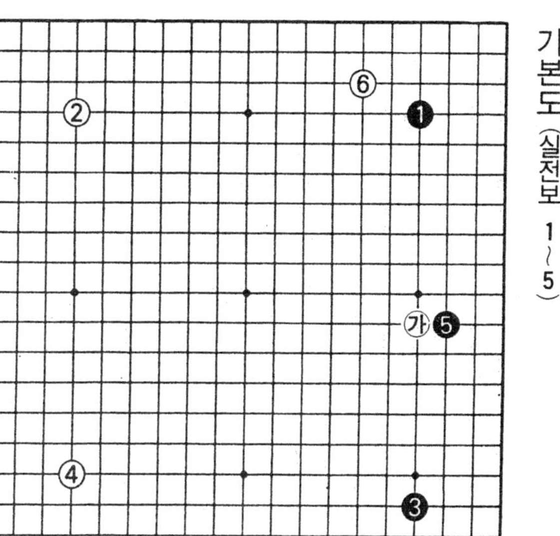

3. 중국류
제 1 형
중국류는 실리와 세력의 절충 포석

흑 1, 3, 5 는 중국류 포석이다. 화점과 소목이 절충된 모양이다. 흑 5로는 ㉮의 곳을 높게 두는 수도 있다.

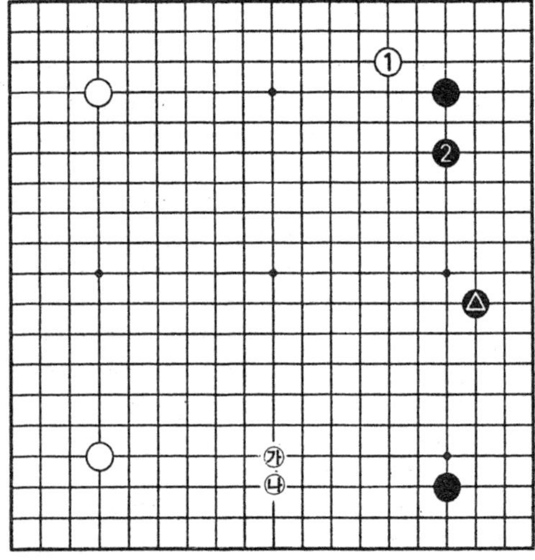

1도 중국류의 포석에 대하여 백1의 걸침으로는 ㉮, ㉯로 두는 수가 있다. 혹2는 ● 표가 있어 불만이 없다.

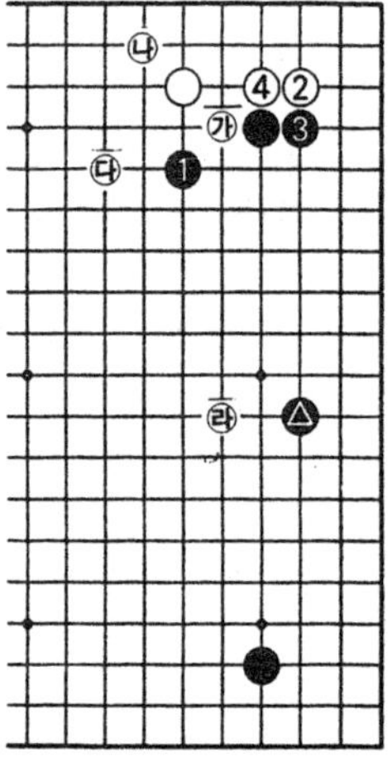

2도 혹1의 확장을 생각할 수도 있다. 그러면 백2의 3·3의 침입. 혹3, 백4 다음 혹㉮, 백㉯, 혹㉰의 곳 혹이 ㉱의 곳의 구상은 모양이 엷다.

2도 혹1은 모양이 크다.

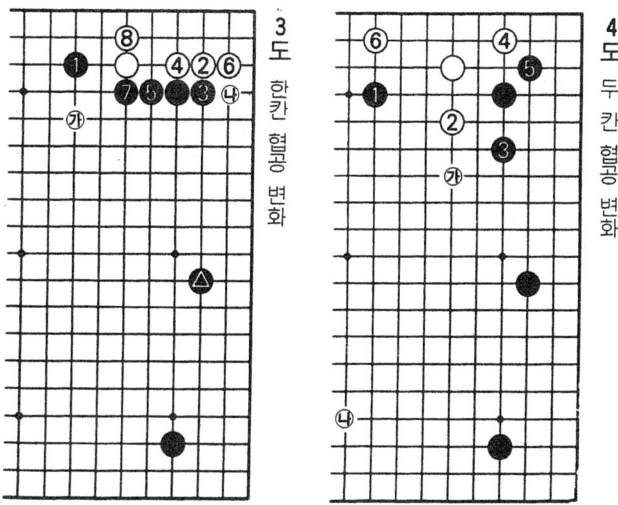

　3도 흑1의 한칸 협공은 백8까지 최근 유행형이다. 혹은 ㉮의 젖혀나감을 방지하거나 ㉯의 곳을 막는 수가 있다. 흑 ● 표가 저위여서 약점이 남는다.

　4도 흑1의 2칸높은 협공에는 백은 2이하 6까지 상변을 둔다. 이다음 ㉮의 곳이 호점이다. 흑이 하변 ㉯의 곳이면 백은 ㉮의 곳을 둔다.

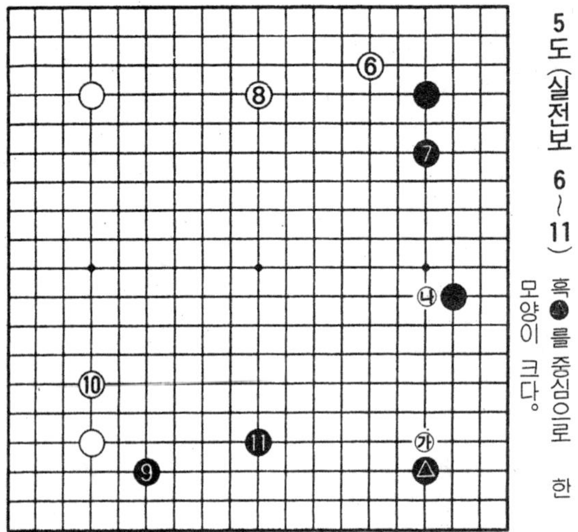

5 도 (실전보 6 ~ 11) 흑● 를 중심으로 한 모양이 크다.

5 도 1 도의 흑이 좌상귀를 평범히 받으면 백 8 로 상변을 전개한다. 흑 9, 11의 흑모양이 넓다. 모양을 볼 때 흑● 표가 ㉮의 곳 화점이면 3·3의 침입이 남는다.

참고도 흑● 표가 4 선에 있으면 백 1, 3 의 구상 다음 ㉮나 ㉯의 침입수단이 있다. 5 도의 백 8 은 3 ·3 의 침입도 있다.

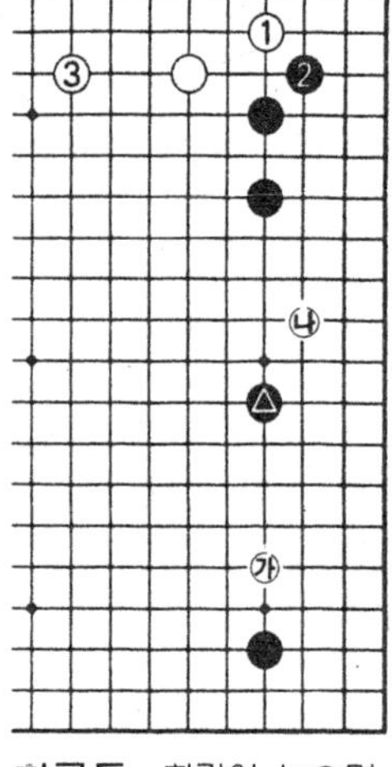

참고도 한칸이 높으면 변에 침입한다.

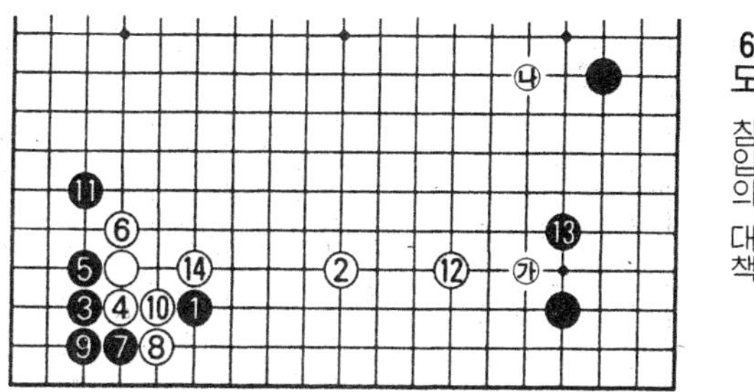

6 도 침입의 대책

6 도 흑 1 의 걸침에 백 2 로 넓은 협공은 12까지 알기쉽다.
12의 수로 14로 직접 두는 것은 흑이 12로 달린다. 흑이 13으
로 ㉮의 마늘모는 백14 흑㉯로 큰모양이다.

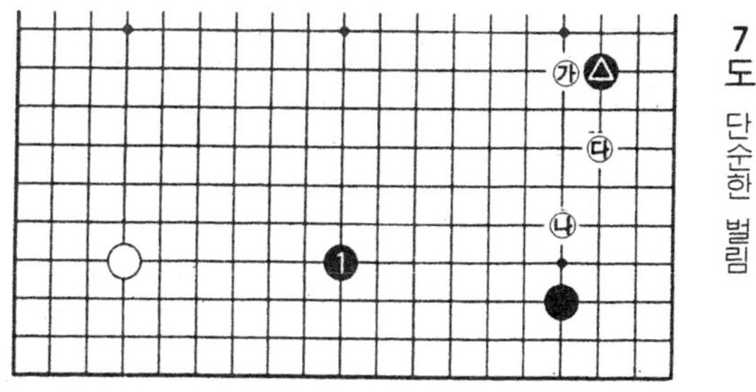

7 도 단순한 벌림

7 도 중국류 포석은 3 연성도 같다. 흑⬤표가 한칸   높은
㉮의 곳이면 중국류인데 흑㉯엔 백㉰의 침입이 남는다.

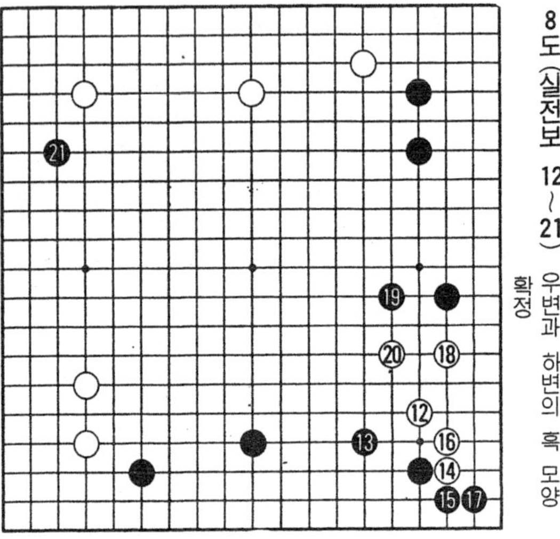

8도 5도의 계속으로 백은 흑모양을 삭감한다. 백12의 높은 걸침에 백13, 백14에서 20까지 모양을 정비하면 흑은 21로 방향전환.

9도 흑 3 이하로 삭감하면 백 4 이하로 공격한다.

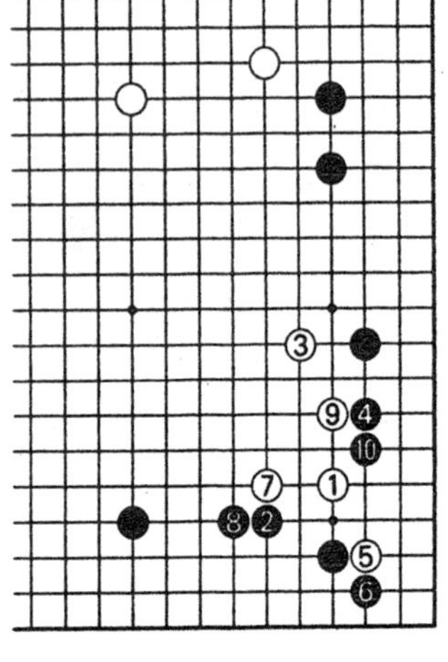

9 도 공격

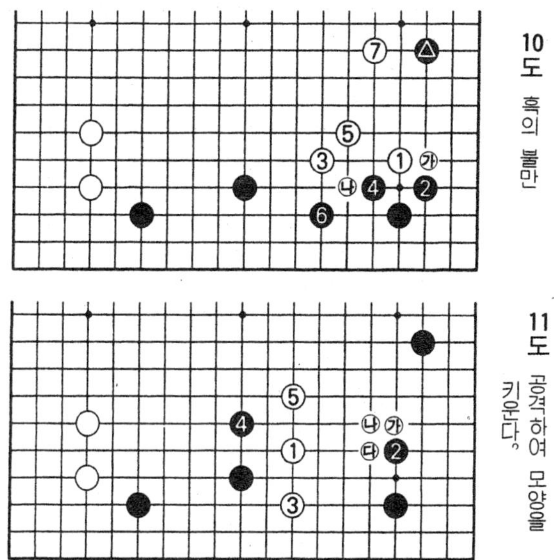

10도 부분적으로는 혹 2 의 백의 근거를 헤치며   공격하는
수가 유력하다. 백㉮, 혹㉯의 조화. 백은 3, 5 로   중앙으
로 나간다.

혹● 표의 모양이 낮아 백 7 의 모자가 있어 혹의 불만이다.

11도 백 1 의 모양삭감법은 어떨까. 1 로 5 선의   삭감법을
생각해 본다. 혹 2 의 한칸 뜀에서 5 까지. 백 1 로는 ㉮의 2
칸 걸침이나 ㉯, ㉰의 삭감이 있다. 모양을 견고히 하는 것
이 중국류의 목적이다.

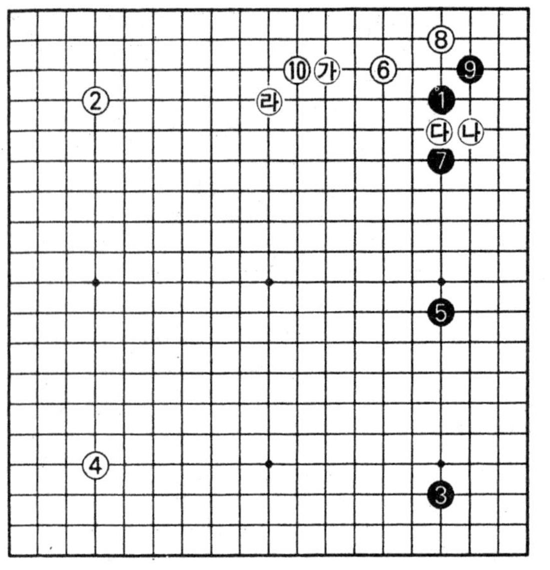

3. 중국류
제 2 형
높은 중국류는 공격에선 7 분구상

혹 5 의 수를 4 선으로 높이 두는 것이 순국산 중국류다. 이
방법이 현재 주류를 이루고 있다. 백 6 으로 걸칠 때 혹 7 의
받음은 이하 10까지. 백 8 로 ㉯의 곳을 들여다보는 것은 혹
㉰ 이후 백 ㉴ 까지로 둔다. 다음 11의 구상이 기초이다.

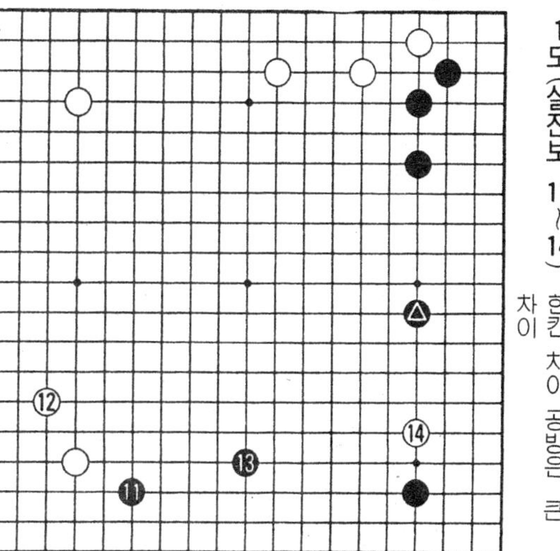

1도 혹이 11, 13으로 모양을 키우면 백14의 걸침이 절대.

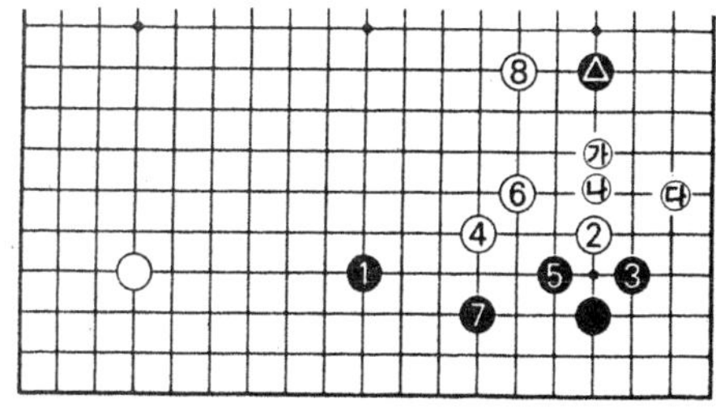

2도 백에 대한 활용

제1형에서는 혹▲표의 위치가 한칸 아래쪽이다. 백12로는 13의 곳에 올 공산이 있다.

2도 혹1로 단순하게 두면 백4 이하 8까지 근거를 빼앗는다.

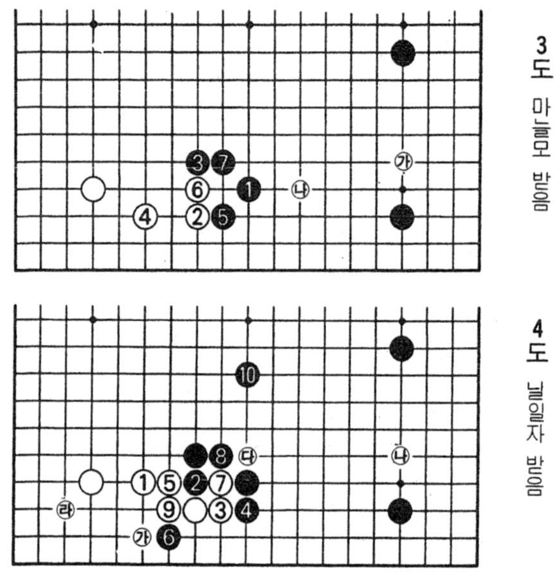

3도 혹1로 단순하게 벌리는 양날개. 백2의 걸침은 혹3 이하 7까지로 모양이 크다. 혹3으로 ㉮의 곳은 백㉯로 삭 감해 온다.

4도 전도의 백4를 1의 곳에 날일자 하는 것은 이후 10 까지가 예상도이다. 백7을 9의 곳으로 간단히 이으면 혹은 ㉯의 곳에 둔다. 백7에 혹이 ㉰의 곳을 나가 2점을 사 석으로 활용하면 혹모양이 커진다.

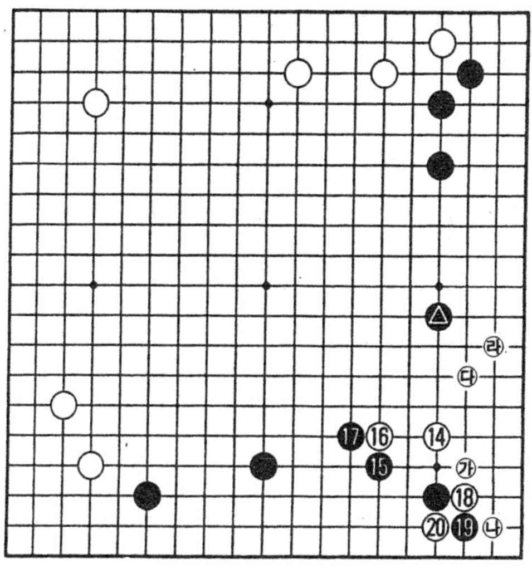

5도 1도(실전보11~14) 의 공방에서 백14의 걸침. 흑이 15로 받는것은 흑▲의 높은 위치를 의식한 점. 백16의 붙임다음에 백18의 붙임. 그이후 20의 맞끊음이 날카롭다. 백16으로 18로 바로 붙이는 것은 흑19, 백㉮, 흑㉯, 백㉰, 흑㉱로 된다. 흑이 받는 방법에 대하여—.

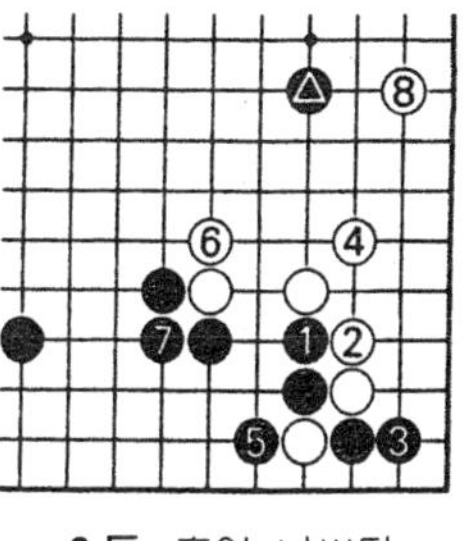

6도 흑이 나쁘다.

6도 흑1로 나가는 것은 당연하다. 이 변화는 백 8 까지. 흑 ▲ 표가 높이 있기에 성립한다.

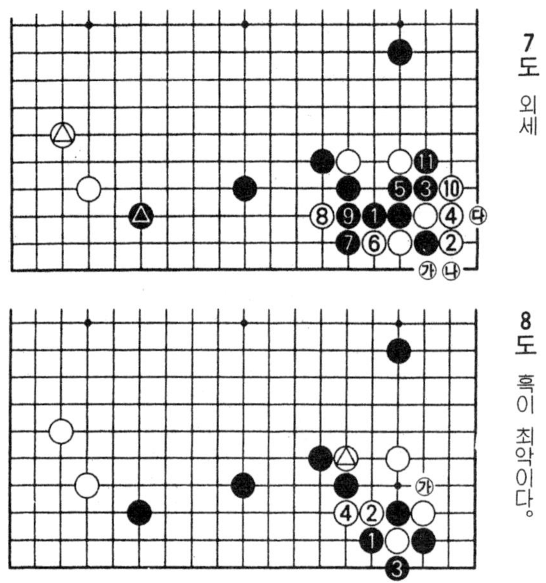

　7도　5도에 이어 혹1이 좋은 수. 백2의 끊음을 허락하나 이하 11까지 외세를 쌓을 수가 있다. 백10을 손빼면 혹10으로 내려서는 것이 선수다. 그러므로 혹▲표와 백△표의 교환이 있기에 혹모양이 크다.

　8도　백의 끊음에 대해 혹1의 단수는 백2, 4로 나가지 못한다. 여기에서, 1로 ㉮의 단수 백2로 되어 하변을 파괴한다. 백△표가 준비공작이다.

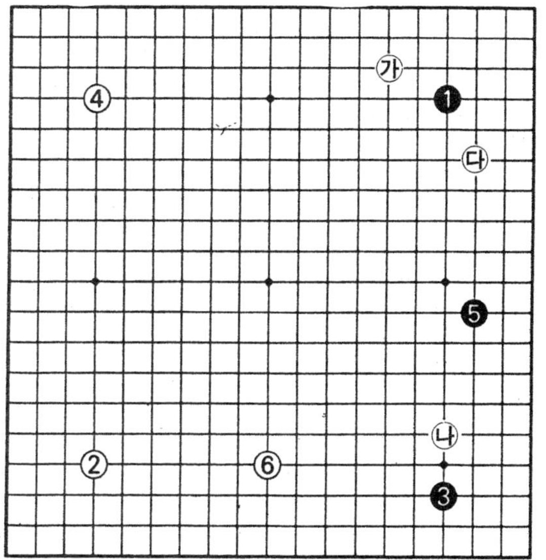

3. 중국류
제 3 형 백이 하변에 대치하는 경우 (1)

  현재는 중국류의 연구가 계속되어 부분적으로 많이 나아진
것 같다. 흑 5 의 중국류에 대하여 백 6 으로 하변에 두는 것
은 어떨까? 이다음 백㉮, 혹㉯를 응수시키고 백㉰의 걸침
이 있다.

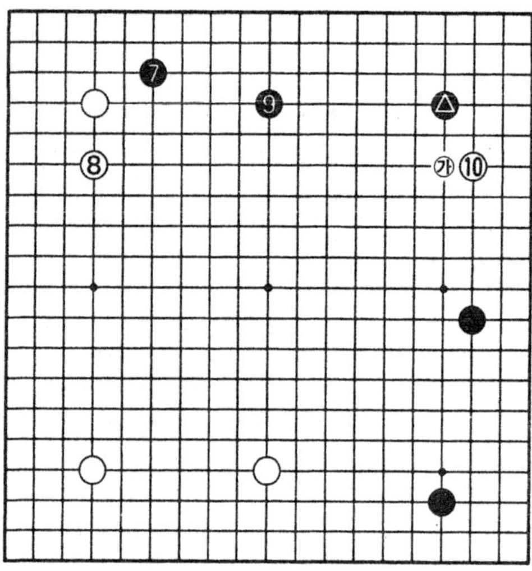

1도 하변을 백이 선행하면 혹은 7, 9 로 혹△ 표를 중심으로 대모양을 구축한다. 다음에 혹㉮ 의 곳이 이상형이다.

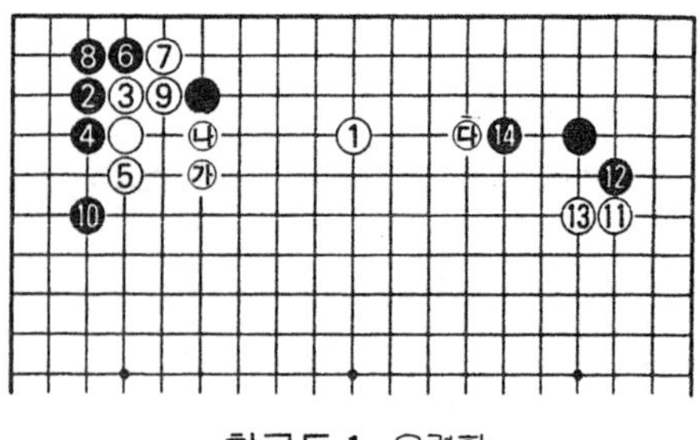

참고도 1 유력함

참고도 전도의 백 8 로 1의 곳에 두는 것은 혹 2의 3 · 3 침입이 있다. 백11에는 혹12, 14로 공격한다. 혹㉮의 한칸뜀이 남는다. 11로 ㉯는 혹㉰.

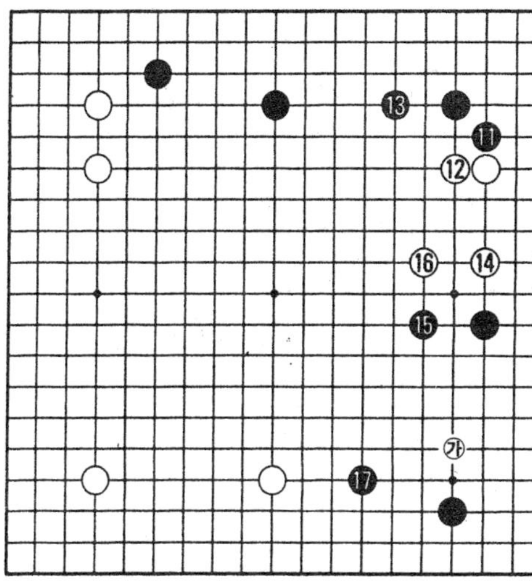

2 도 1 도의 다음 흑11, 13은 상용의 공격. 백14에서 16까지. 흑17로 넓게 두는 것이 요령이다. ㉮로 두는 것은 좋지않다.

3 도 흑은 1 의 날일자가 있다. 이것은 흑7 까지 흑의 이상형이다.

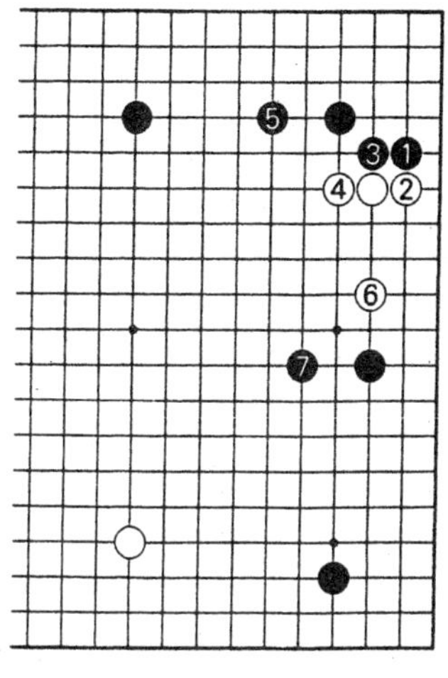

3 도 흑의 이상형

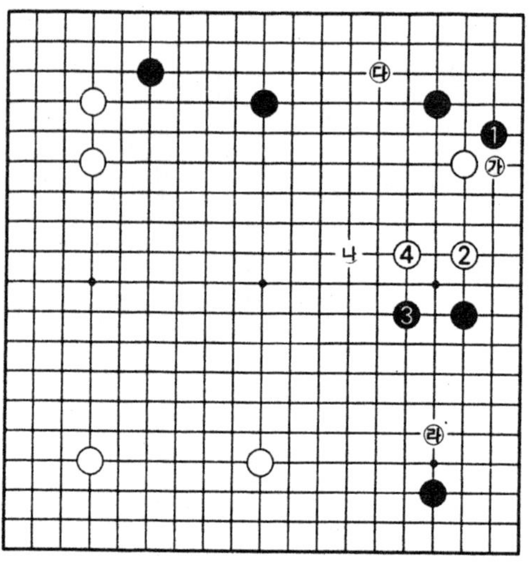

4도 혹1의
날일자에 백2
는 혹3 다음
4 까지가 일안
이다. 이 다음
㉮와㉯가 맞
보기이다.

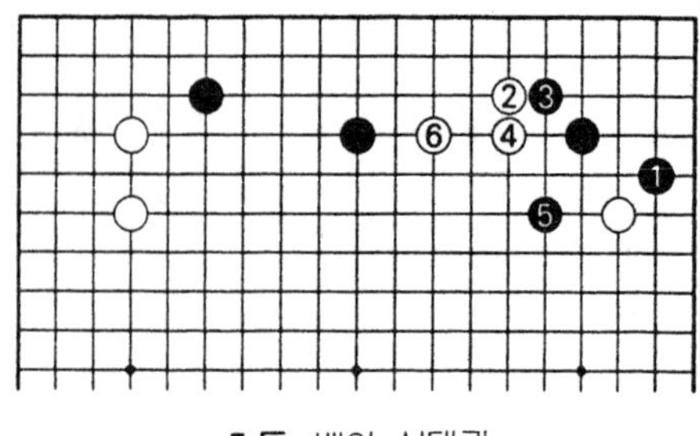

5도 백의 선택권

백은 ㉰나 ㉭의 곳에 침입하는 수단이 있다. 혹3으로 ㉮
의 공격은 발이 늦다.

　5도 혹1에는 백2로 걸쳐간다. 5 까지 된 다음에 백에 선
택권이 있다.

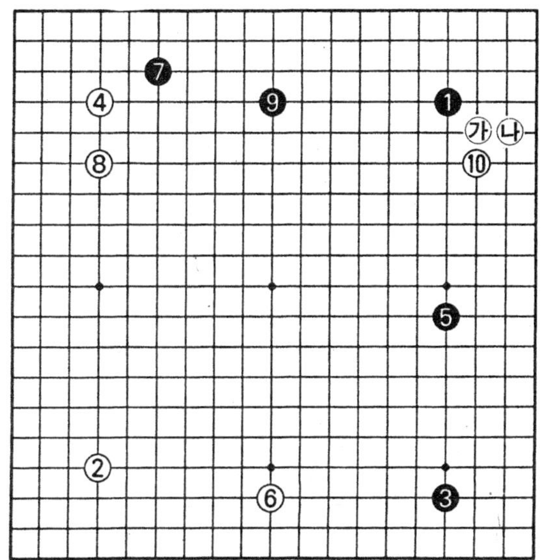

3. 중국류
제 4 형 백이 하변에 대치하는 경우 (2)

혹 5 의 높은 중국류에는 백 6 의 낮음 백 8 로 9 의곳 높은
협공이나, 백10의 걸침에 ㉮와 ㉯의 곳 응수를 생각해 볼
수 있다.

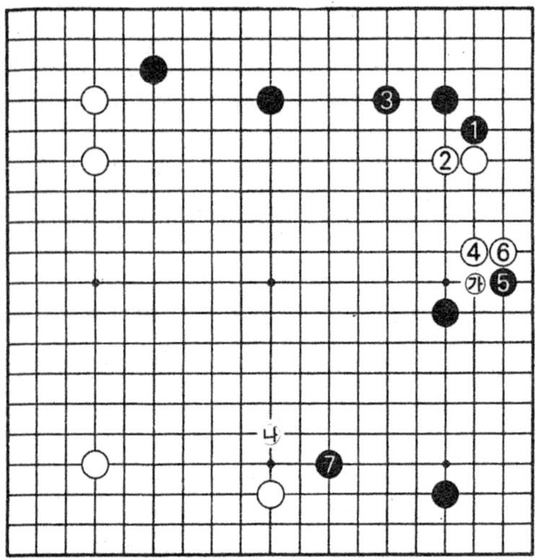

1도 혹1, 3은 상형. 백4, 혹5, 백6 다음에 혹7이 넓은 곳이다. 다음에 ㉮에 나오는 수가 있다. 혹7이 중국류 특의로 ㉯의 곳을 기대한다.

참고도1 백4로 높게 두는 것은 혹5, 백6 다음 혹7까지.

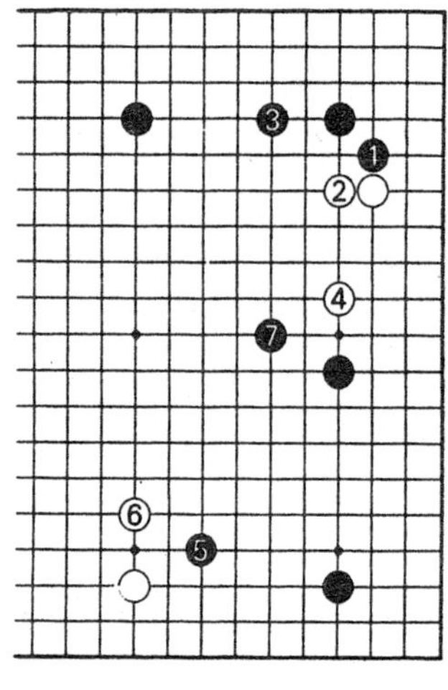

참고도1 넓은 모양

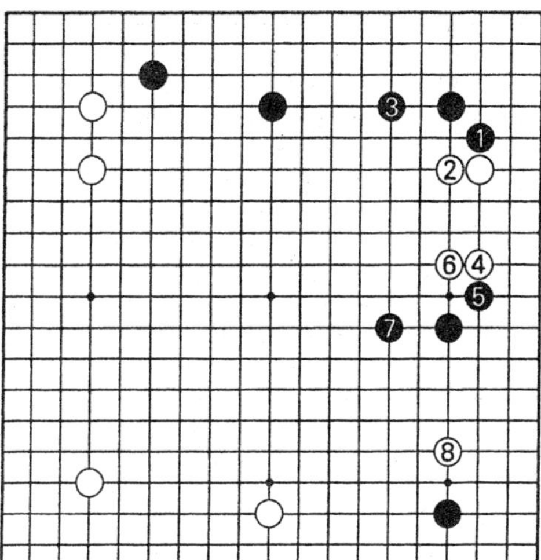

2도 1도의 백4에 본
도의 5, 7은 지나친 맛
이 있다. 백8의 걸침이
있어 좋지않다.

3도 혹1의 날일자는
높은 중국류에서는 많이
둔다. 백2에는 혹3, 5
의 진행이다.

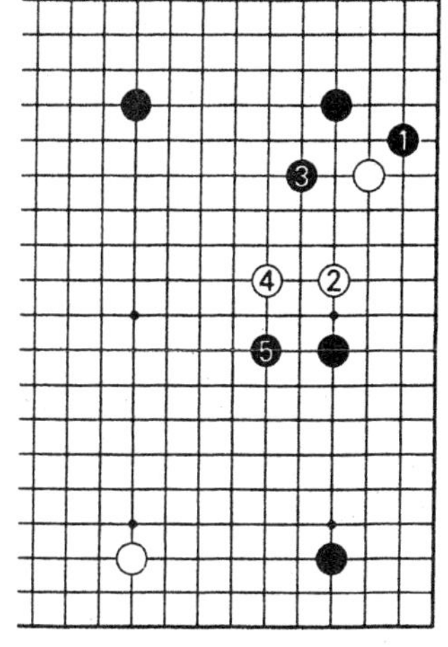

3도 혹1, 3, 5는 공격형

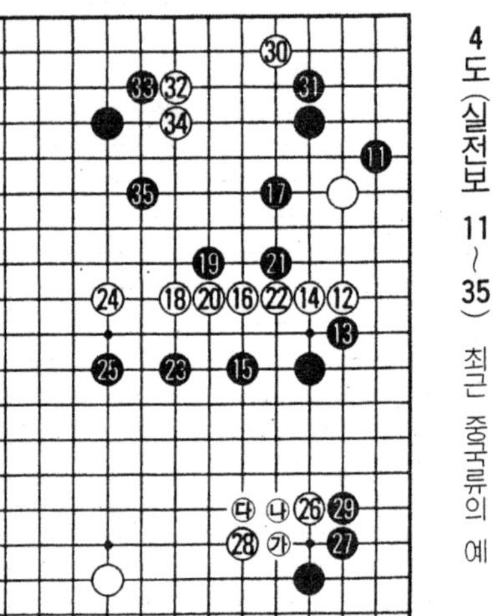

4도 이것은 실전의 진행이다. 혹 13, 15로 추격한다. 혹29로는 ㉮, 백 ㉯, 혹㉰의 끊고 싸움이 유력하다.

참고도 2 4도, 백16으로는 백 3 에 붙여 혹모양을 견제한다. 혹은 ㉮ 의 노림이 있다.

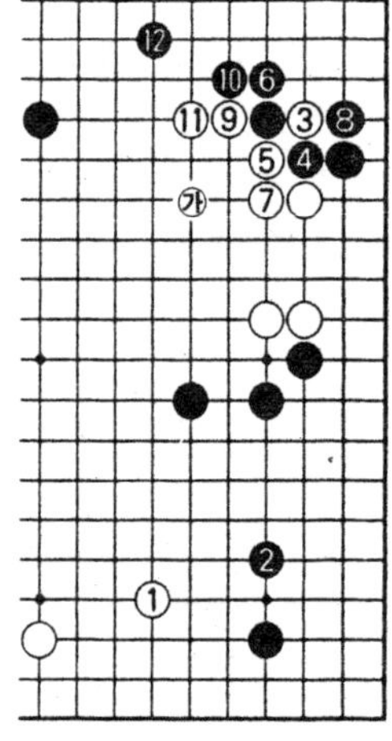

참고도 2 백의 전투의 수.

제 2 장

정석무용의 타개 방법
이기는 방법
— 부분편 —

본 장의 포인트

현대의 바둑에서는 부분적인 정석에서 전국적인 정석으로 나아감이다.

귀의 전투에서는 정석 무용의 날일자나 손뺌 등의 여러 가지 상태를 볼 수 있다.

귀는 가장 집을 만들기 좋은 곳으로 매우 활력적인 장소다.

여기에서는 수순이 정석과 호흡이 되는 여러 가지의 점을 검토하고자 한다.

정석의 무용에 대한 여러 가지의 국면을 총체적으로 검토하여 보기로 한다.

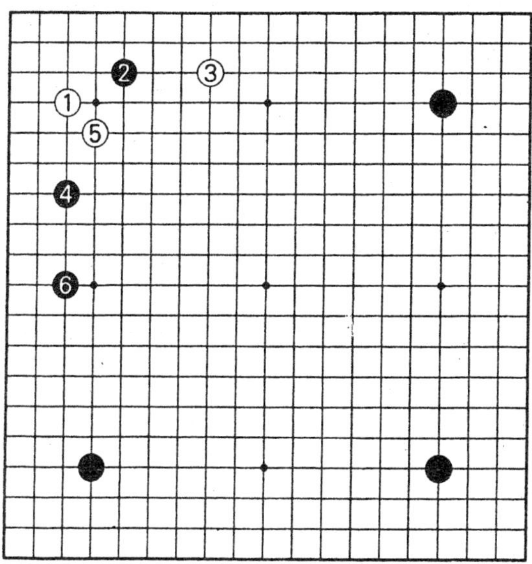

제 1 형
부분손실과 대세와의 관계

정석은 부분의 싸움에서 호각의 끊음등 정석 무용의 지침을
너무 지나치지 말아야 한다. 중반전투에서는 대단한 각오가
필요하다. 기본도는 3점의 대국이다. 혹 4, 6은 직접 전투
를 피하는 운석이다.

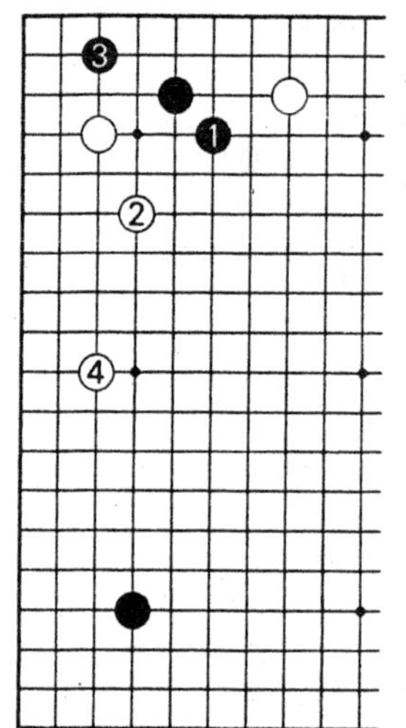

도 1 구정석

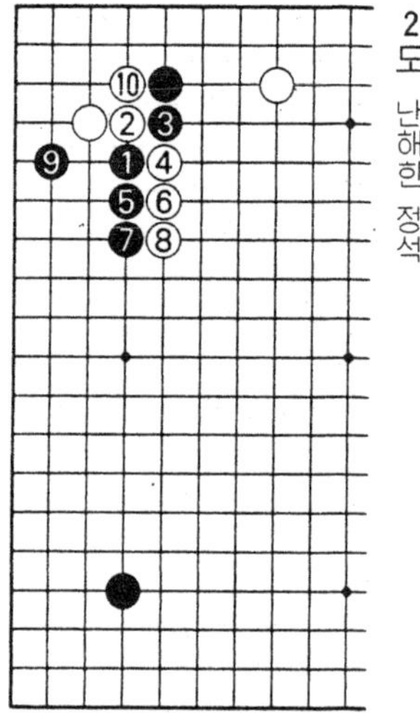

도 2 난해한 정석

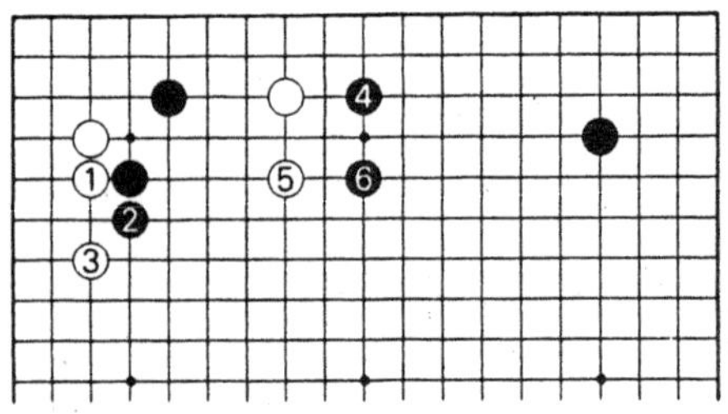

참고도 1 변화

1 도 기본도는 명치기의 포석으로 이것은 3 점   포석으로
당시에 두었었다. 본도의 흑 1, 3 은 알기쉽다.

2 도 당시의 정석으로 흑 1 로 씌운 다음 9 까지의   정석이
다. **참고도 1** 의 밑으로 받으면 이하 6 까지의 진행이다.   이
것은 매우 난해한 정석이다.

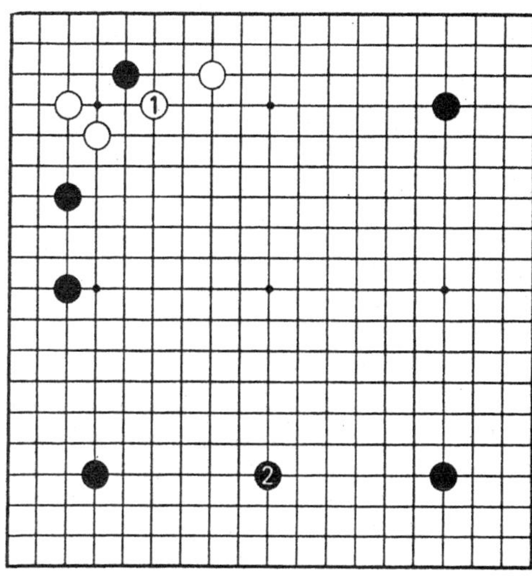

3도 좌상귀를 백1로 잡는 것은 부분적으로는 좋다. 그러나 흑2를 당하여 전국적으로 떨어진 입장이다.

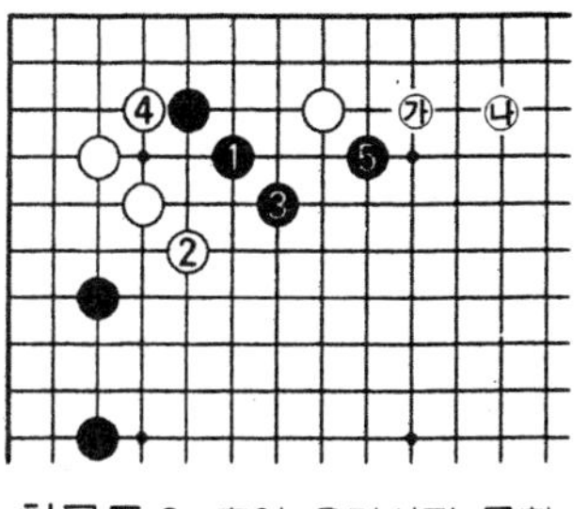

참고도 2 혹이 유리하지 못한 전투

참고도 2 전도의 백1로, 혹·1로 움직이는 것은 혹5까지 된다음, 백㉮, 혹㉯가 유력하다.

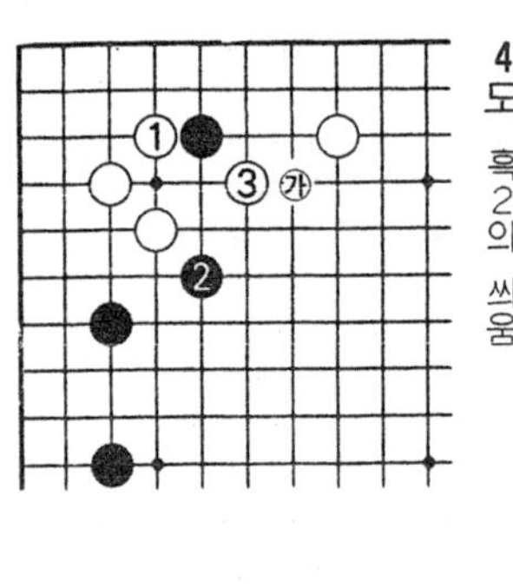

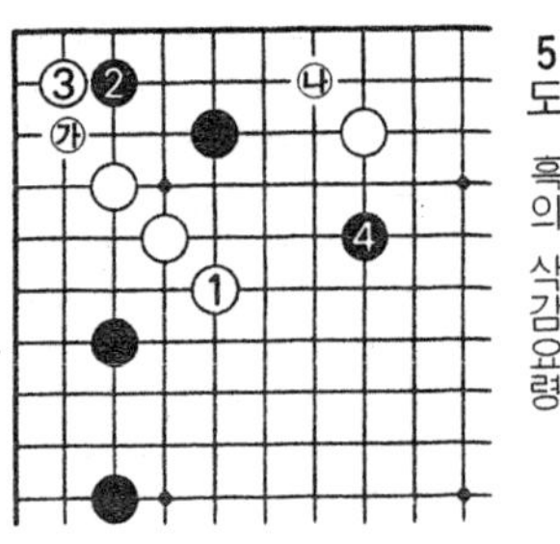

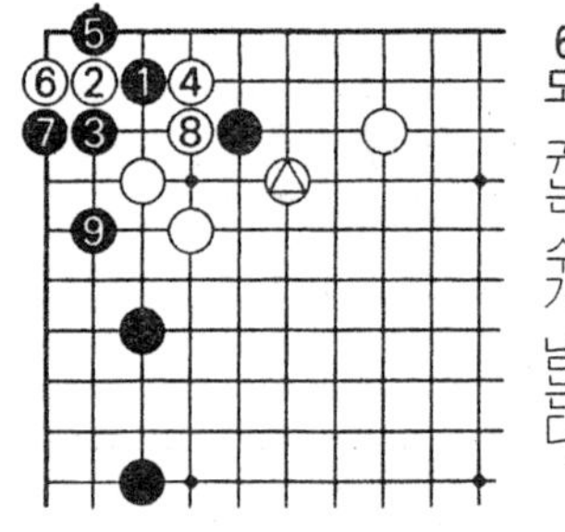

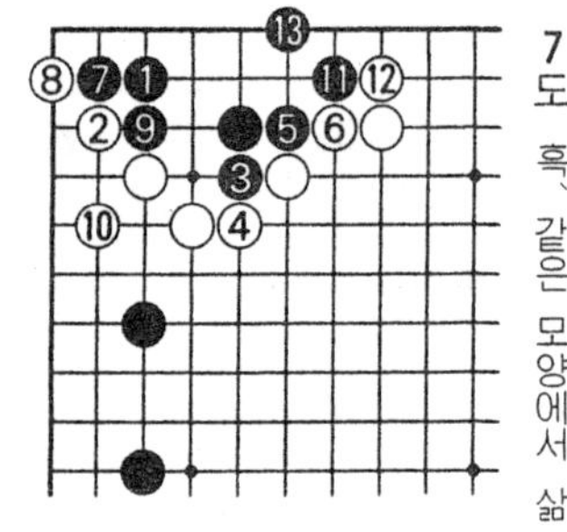

4 도 귀에 수가 남는다. 백 1 의 마늘모에서 장래 혹 ㉮ 로 나가는 맛이 있다. 혹 2, 백 3 의 교환은 나쁘다.

5 도 백 1 로 넓게 두는 것은 혹 2 로 백 3 을 응수시킨 다음 4 로 모자를 씌운다. 백 3 다음 ㉮ 의 끊는 맛이 있다. 백 3 으로 ㉮ 는 혹이 직접 ㉯ 로 움직인다.

6 도 백 ⊕ 표가 있는 경우에는 백 2 에는 혹 3 으로 젖혀나 간다. 이하 9 까지.

7 도 백 2 의 마늘모에는 혹이 13까지 알기쉽게 산다.

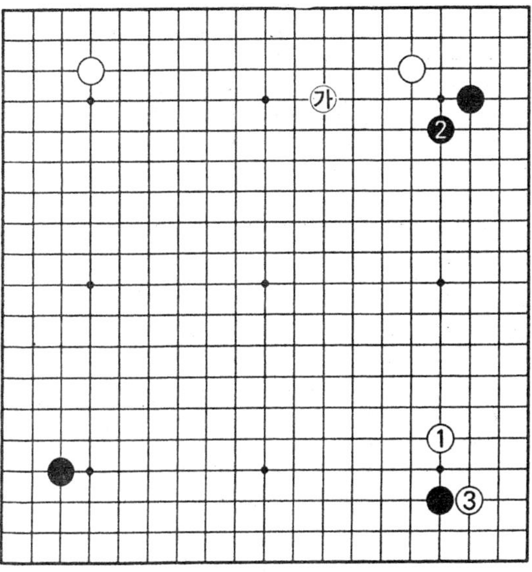

제 2 형 상대방의 주문을 거역하는 정석 무
용의 수.

이것도 정석의 파생형인데 상대의 주문을 거역하는 새로운
변화이다. 기본도는 일본의 전후(錢後)에 유행했던 정석으로
흑의 수책류(受策硫)에 백 1 의 높은 걸침이유력. 현재 흑 2
는 ㉮의 협공으로 둔다.

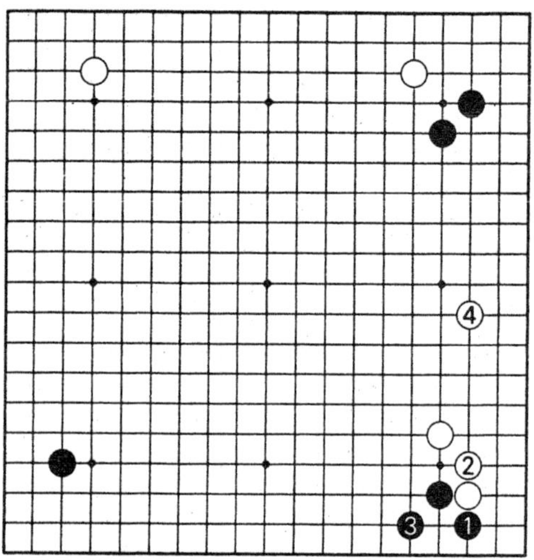

1도 흑1, 3으로 받는 것은 백의 주문이다. 좌하귀는 부분적으로는 호각의 정석이나 흑의 실패다.

참고도 1 이런 배석에서는 흑▲ 표가 백의 발전을 제어하기 때문에 흑이 좋다.

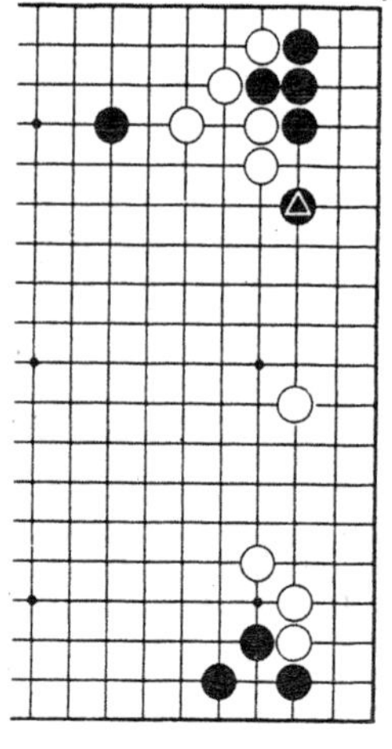

참고도 1 이 배석은 흑이 좋다.

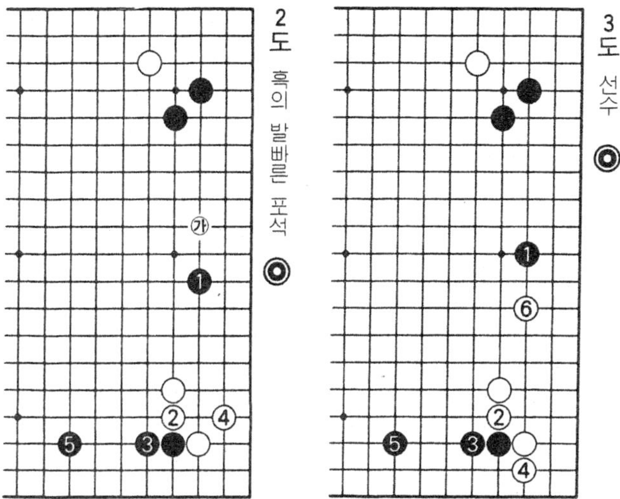

2 도 이런 모양에서는 백의 주문을 거역하는 세기(細技) 가 필요하다. 백은 **4** 다음 ㉮의 곳 침입을 노린다.

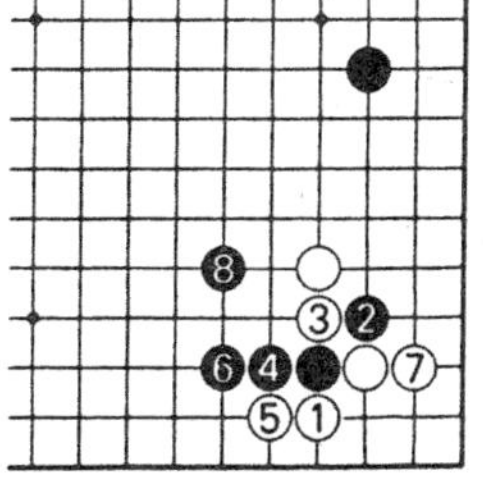

참고도 2 귀를 손빼는 정석

3 도 흑 1 로 두는 것은 이하 10까지로 흑이 좋지 않지만 선수의 의미가 짙다.

참고도 2 2 도의 2 로 본도의 1 로 두는 수가 있다. 이하 8 까지.

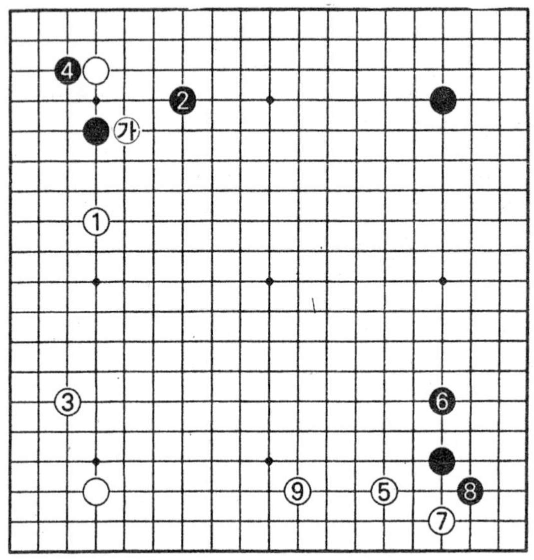

제 3 형 오청원이 둔 난해한 정석의 손을 뺀
후의 처리

이것은 오청원과 등택보지조와의 10번기에서 나타난 모양이
다. 다음 페이지의 2 칸 높은 협공 다음 손빼는 모양이다. 그
래서 흑 4 의 영단을 내렸다.

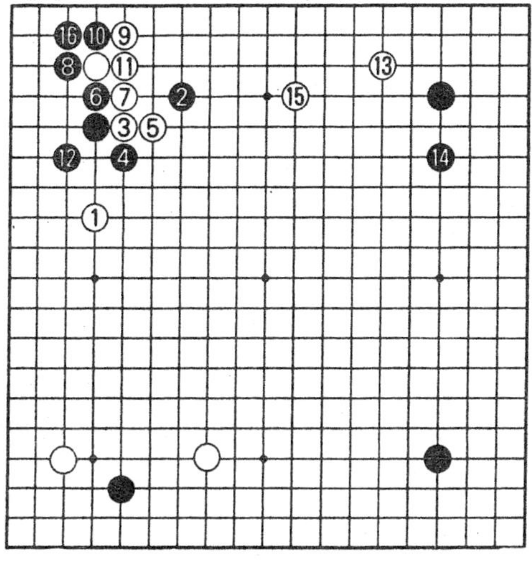

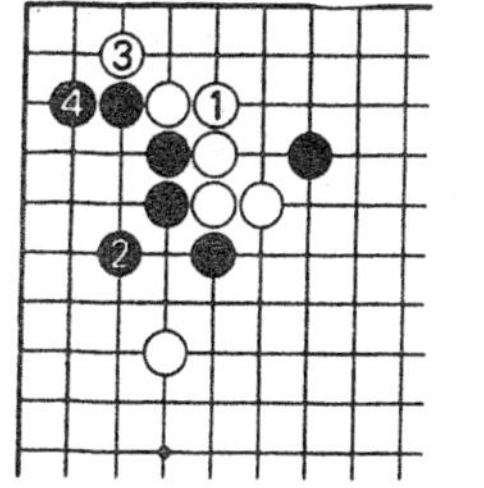

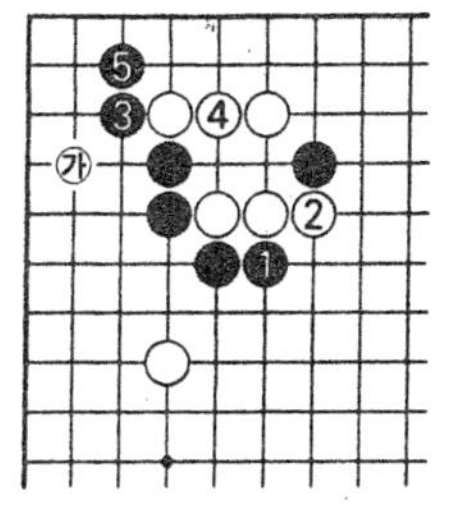

1도 10번기 중 처음에 나타난 모양으로 본도 12까지이다. 다음 흑16으로 잇는다. 2칸 높은 협공으로 현재도 사용하고 있다.

참고도 1, 2 백 2 로 느는 진행은 이하 5 까지인데 혹 5 로 는 ㉮의 곳에 두는 수도 있다.

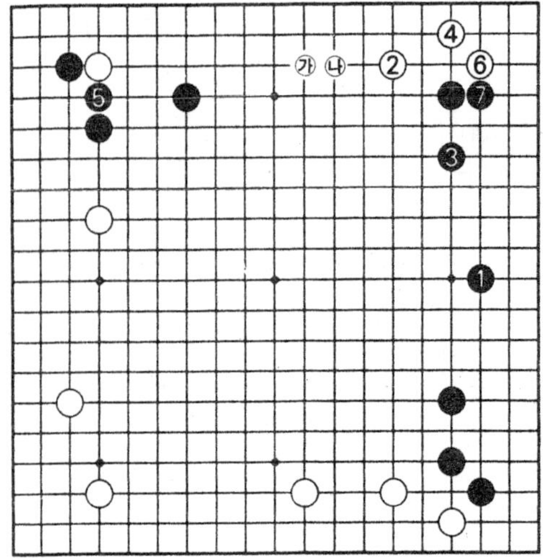

2도 기본도에서 귀를 방치하여 두고 이하 7까지의 진행이다. 흑5로 6의 곳을 받으면 백㉮로 상변을 확장한다. 흑5의 수가 두터운 수. 다음에 ㉯에 다가서는 수를 노린다.

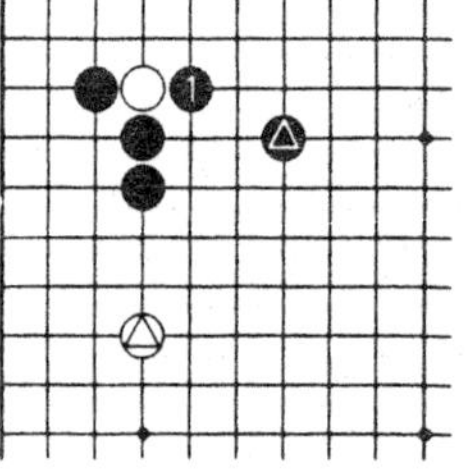

참고도 3 백이 나쁘다.

참고도 3 백이 좌상귀를 손빼면 혹 1의 단수가 두터워 백 ⊿ 표가 응고가 되어 있는 모양이다. 백 ⊿ 표가 약해진다.

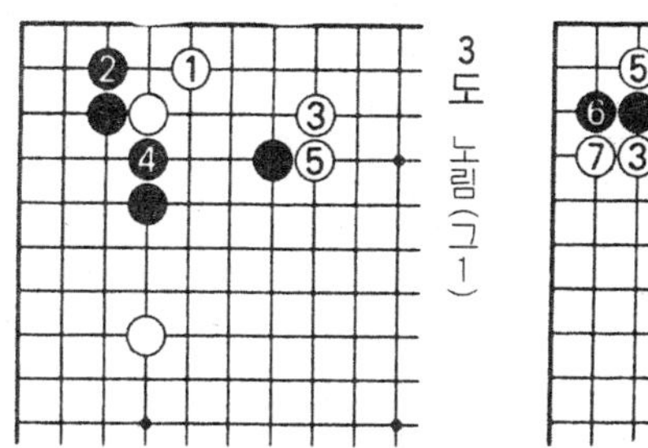

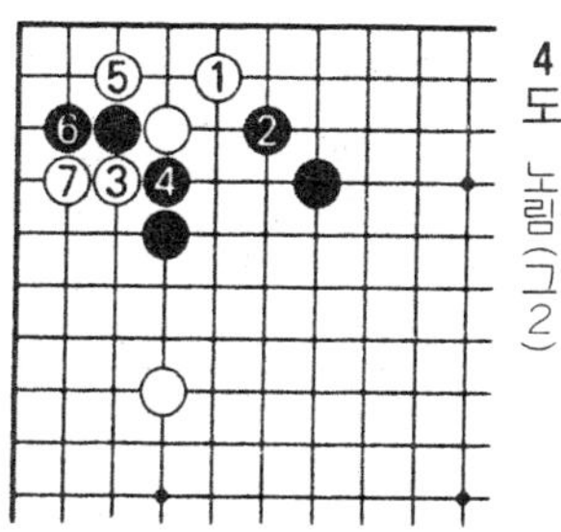

3 도 흑이 손빼면 시기를 보아 백 1 의 마늘모 다음 백 3, 5 로 낮게 움직인다.

4 도 흑 2 는 백 3, 5 로 귀가 크다.

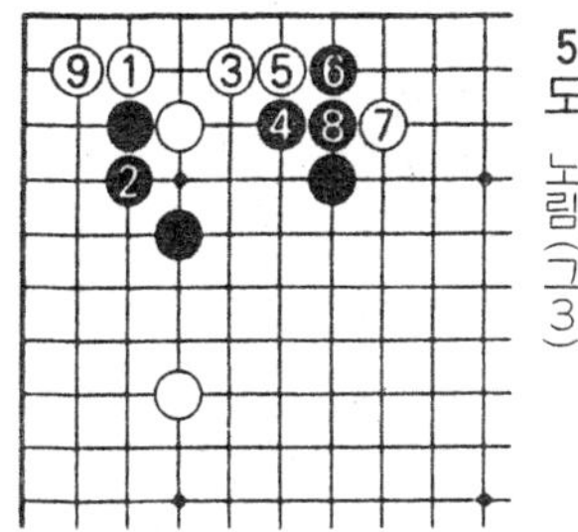

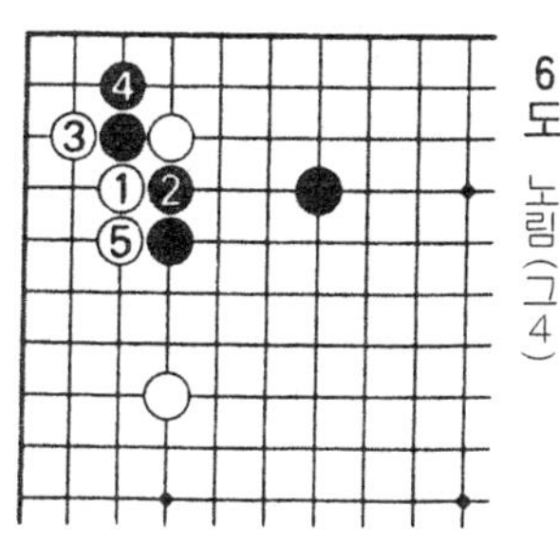

5 도 귀의 흑진을 파괴하는 방법으로 이하 9 까지. 흑 4 는 백 7 의 진출을 방지한다.

6 도 좌변의 백 1 점이 고립이 되어 있는 국세. 이하 5 까지 된다음 흑은 1 수를 보충하여야 한다.

7도 2도의 실전에서 백은 1로 뻗어온다. 혹2로 내려서면 백3, 5 로 둔다. 시기를 보아 ㉮의 곳에 둔다. 혹6의 침입에는 백7, 9로 선수하여 ㉯의 곳 끊는 맛을 노린 다.

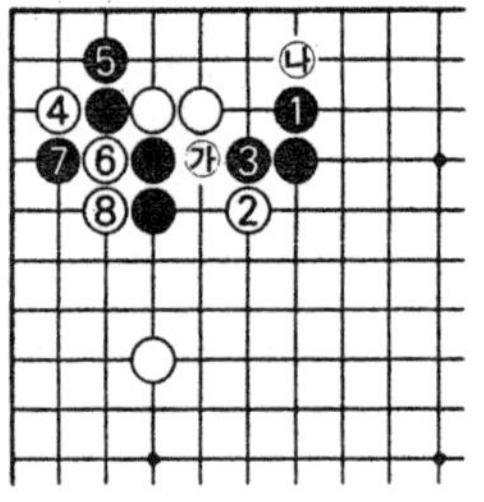

참고도 4 사석을 철저히

참고도 4 혹1의 철주는 다음 백2의 모양의 급소에 다가 선다. 혹3으로 ㉮는 백5, 혹4, ㉮로 붙여사는 맛이 남 는다.

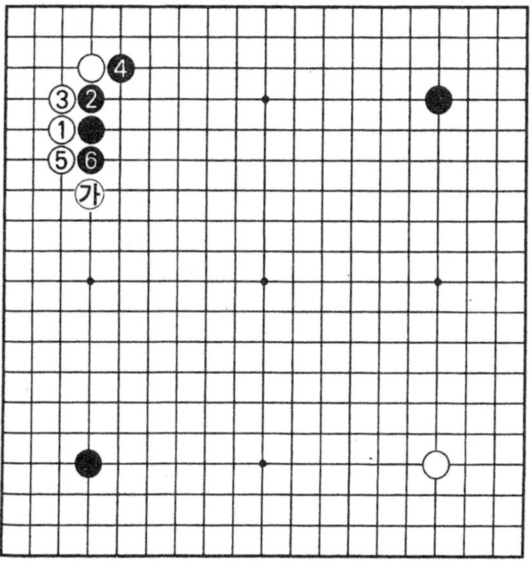

제4형 난해한 모양을 전국적으로 유도하여 둔다.

이 모양은 상당히 난해한 정석이다. 백1의 아래 붙임에서 흑6까지는 대형정석의 변화이다. 백 ㉮의 젖힘이면 대형정석인데 냉정히 국면을 살펴야 한다.

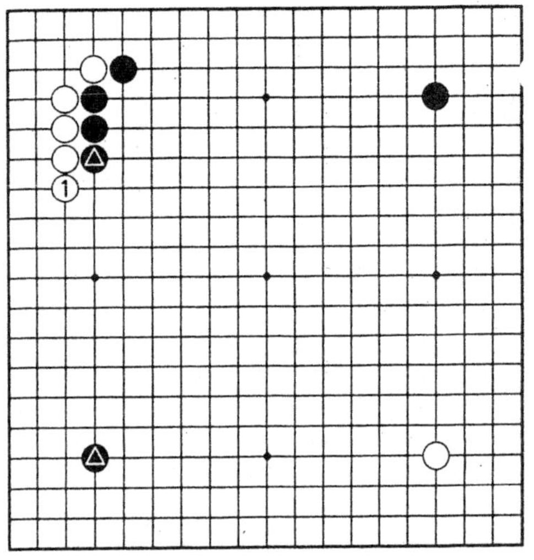

1도 좌상귀의 흑◉표의 누름이 있다면 백1의 수가 견실하다.

참고도 예를 들어 먼 장래에 흑◉표를 움직일 수 있다.

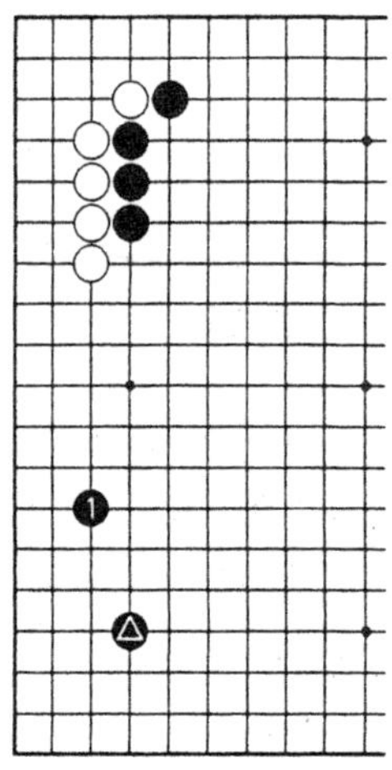

참고도 좌변을 움직인다

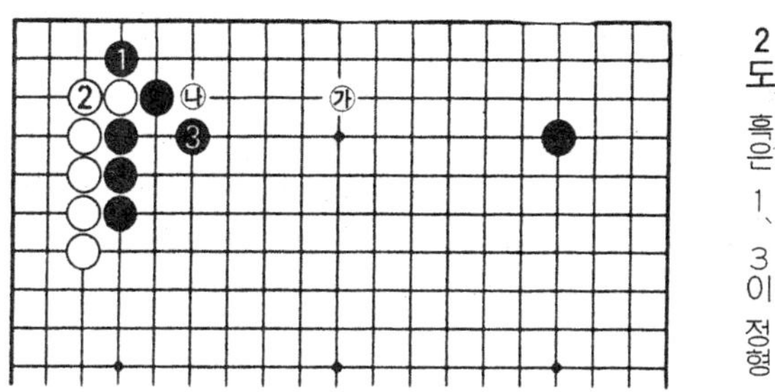

2도 1도 다음에 좌상귀는 흑 1, 3 이 정형이다. 이 모양
은 부분적으로는 호각이나 상당히 난해한 모양이다.

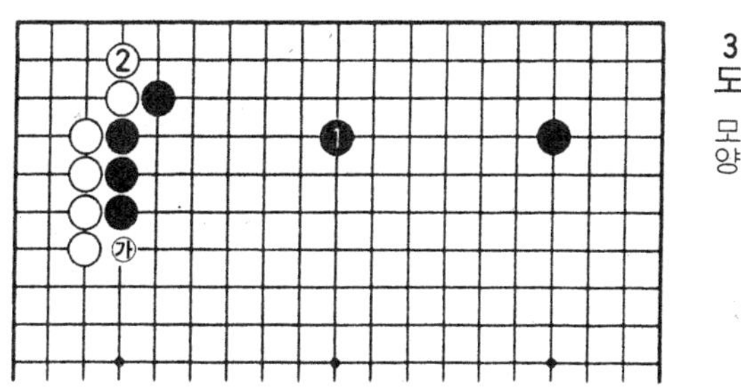

3도 흑 1 로 높이 벌리는 것은 어떨까? 그러면 백은 2 로
내려서 실리를 공고히 한다.

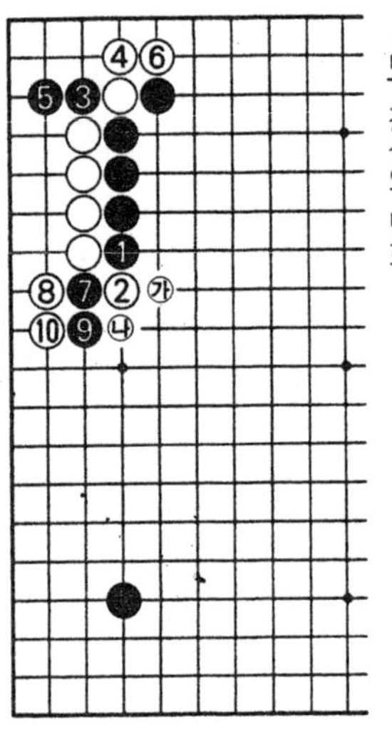

4 도　정석의 변화

4 도　1 도에 계속하여 혹 1 로 밀면 백 2 로 젖혀　어려운 정석 모양이다. 혹 3 의 끊음에서 10까지가 보통인데, 여기서 혹 3 의 끊음으로 ㉮는 백 ㉯로 좋다.

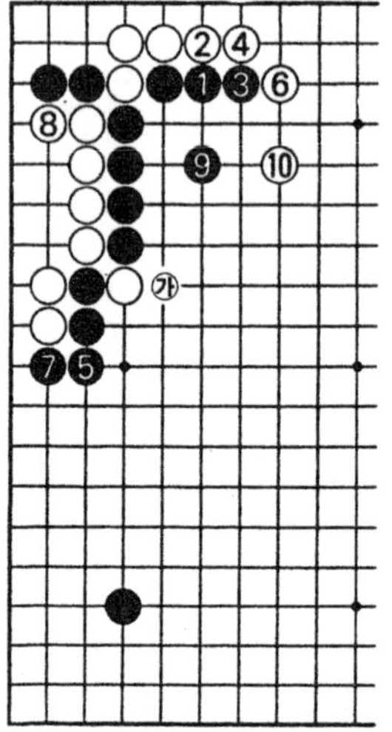

5 도　백집 20집 확정

5 도　계속하여 혹 1, 3 의 선수 다음 혹 5 는 백 6 으로 젖힌다. 10까지는 당연하다.

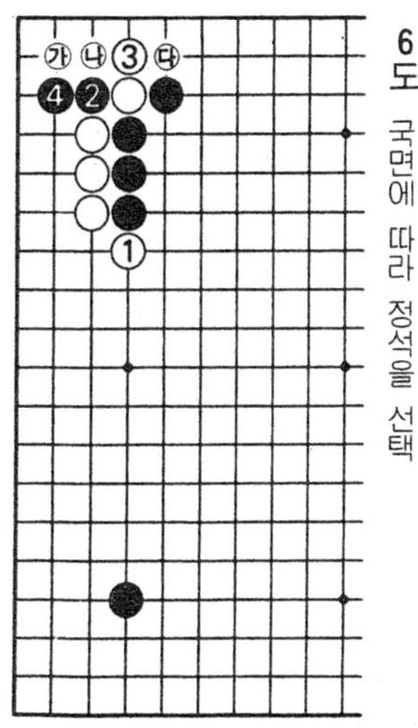

6 도 기본도로 돌아가 백 1 로 직접 젖히면 혹 2, 4 까지 정석이다. 1 도의 선택이 알기 쉽고 현명하다고 할 수 있다.

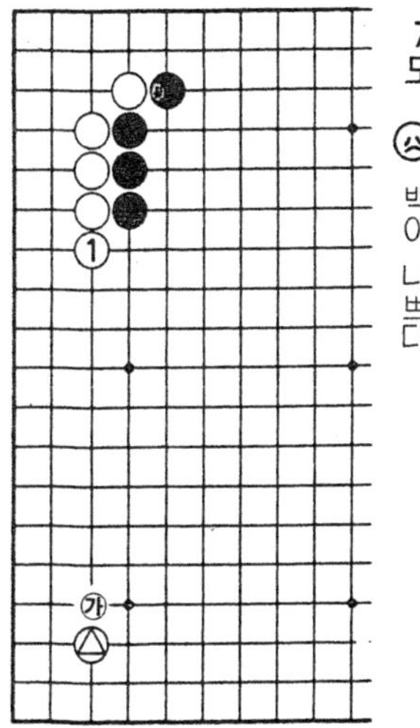

7 도 백이 저위에 표가 있을 때는 백 1 의 뻗음은 의문이다.

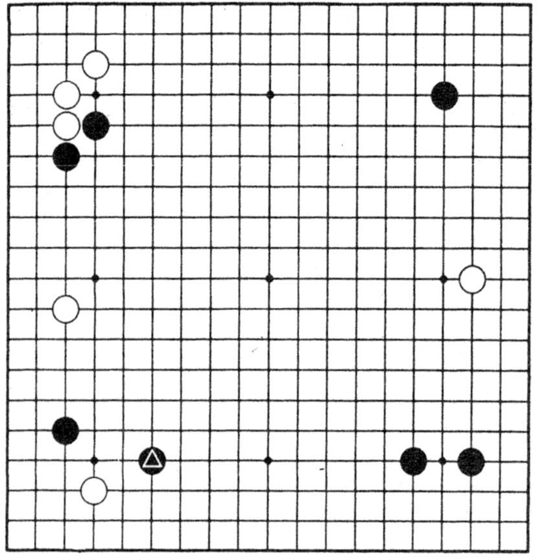

기본도　백선

제 5 형 대사백변의 도전과 받음.

대사백변의 정석이다.

기본도는(백선) 실전보이다. 이 모양에서 흑이 △표로 대
사백변을 유도하고 있는데 백은 어떻게 응수하여야 할까.

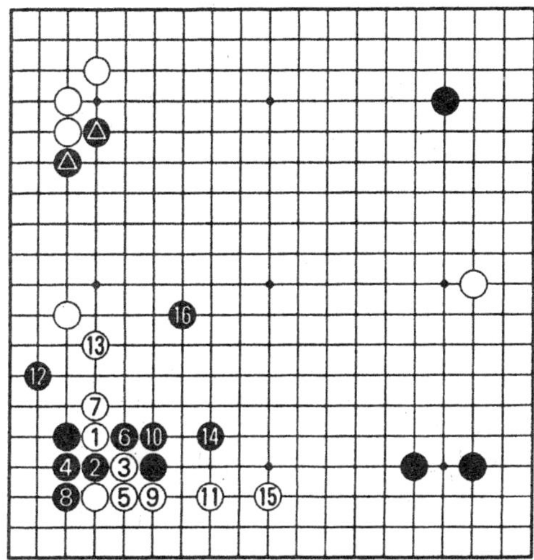

1도 백 1 로 키우면 흑은 2, 4, 6 으로 두어 대사백변을 유도한다. 좌상귀의 흑● 표가 유효하게 움직일 수 있어 좋다.

참고도 1 흑㉮의 잇는 수에 대하여 귀의 백에 좋다. 백 1 로 나가면 흑 2, 4 로 강하게 공격한다.

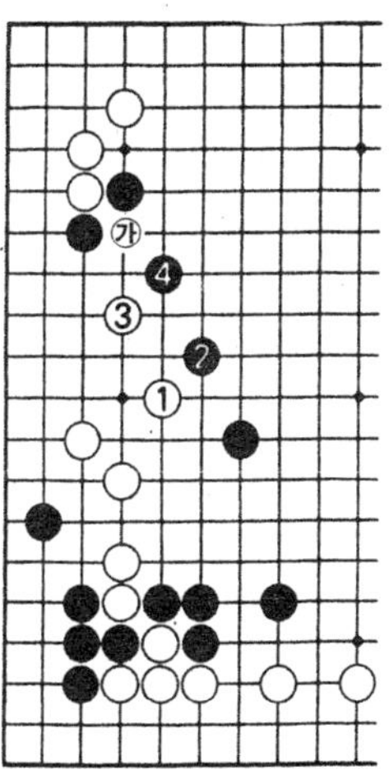

참고도 1 백이 고전

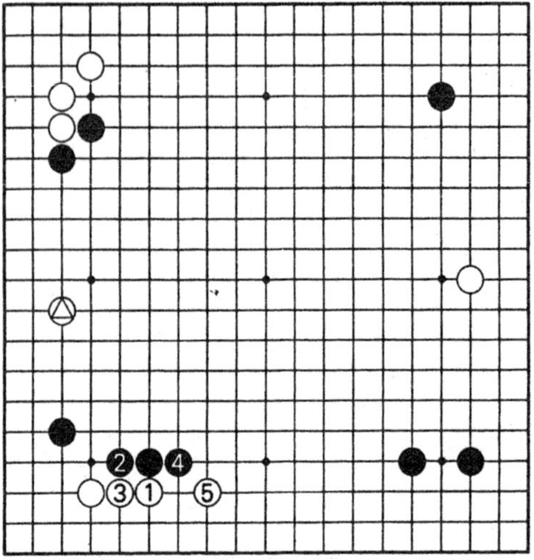

2도 이런 국면에서 싸움을 피하여 백5까지 움직인 것이 알기쉽다. 백△표가 세력을 갈라치고 있는 절호점이기 때문이다.

참고도2 백△표의 붙임에 흑이 1로 받는 것은 백6으로 전환한다.

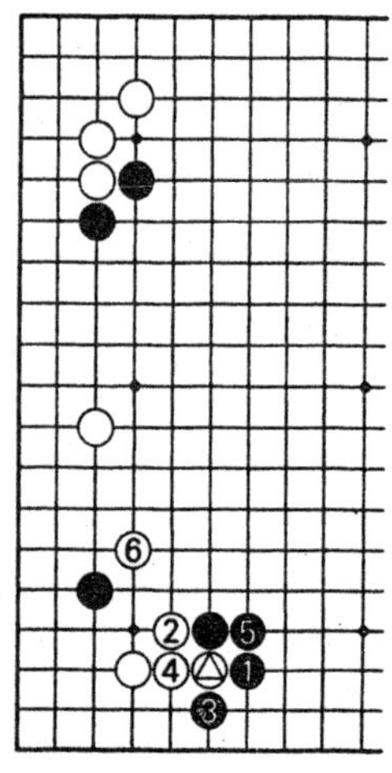

참고도 2 변화

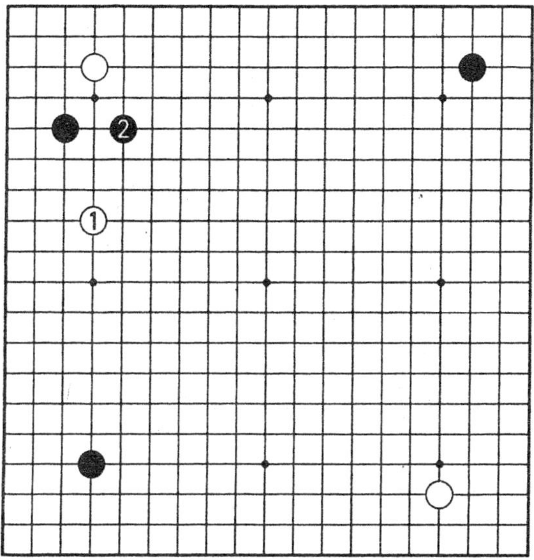

제 6 형 알기 쉬운 모양을 생각한다.

이런 모양에서는 상당히 기량의 차이가 나는 곳이다. 중반전 이후 결렬한 전투가 예상되므로 각오를 해야 한다.

혹 2 의 한칸 뜀인데 이것은 알기 쉽게 둔 모양이다.

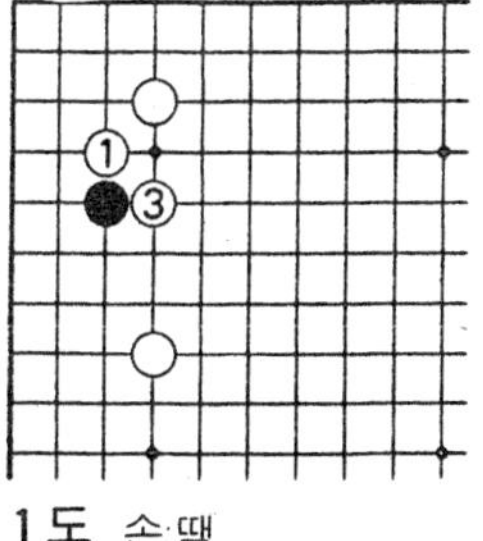

1 도 손·땜

1 도 더욱 알기쉽게 두는 것은 백이 마늘모하여 3 으로 누르는 것까지이다. 허나 이것은 전국적으로는 백의 불만이다.

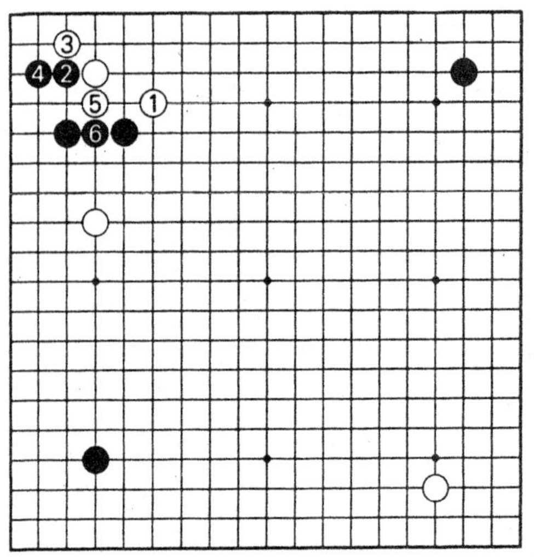

  2 도 기본도에 계속하여 백 1 의 받음은 흑 2, 4, 6 으로 실리와 근거에 관한 요점을 두어 흑이 주도권을 쥔다.

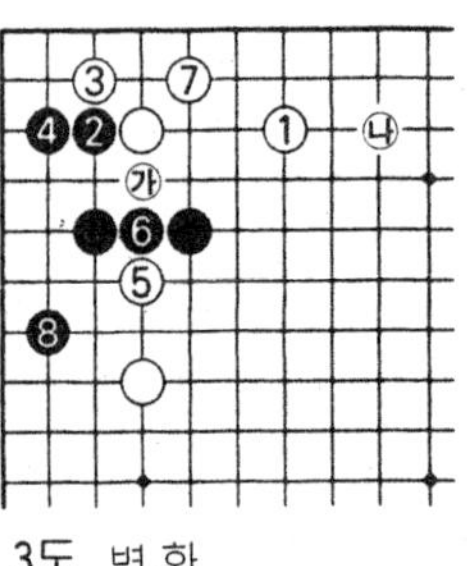

3 도 변화

  3 도 백의 변화수단인데 이것은 8 까지 외길 진행이다. 백 5 로 ㉮의 곳은 흑 6 을 교환한 다음 백 ㉯를 생략할 수 없다.

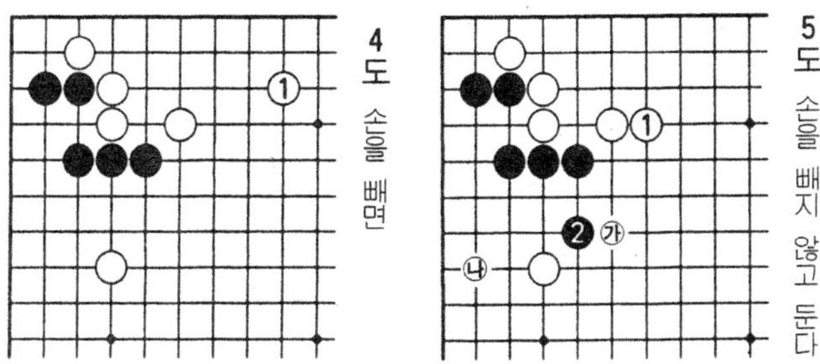

4 도 2 도 다음 흑은 손을 빼고 전국적인 배치를 생각한다.

5 도 백 1 의 뻗음에는 다음에 ㉮의곳 붕쇄가 있기 때문에 흑 2 로 나간다. 흑 2 로 ㉯의 곳을 생각할 수도 있다.

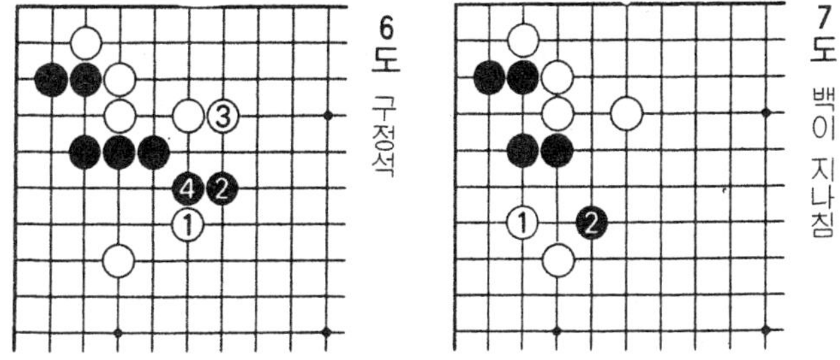

6 도 백 1 에 흑 2, 4 는 옛정석이다. 현재는 흑이 두텁기 때문에 두지 않는다.

7 도 백 1 의 마늘모로 근거를 빼앗으면 흑 2 로 가볍게 진출하여 중앙전을 꾀한다.

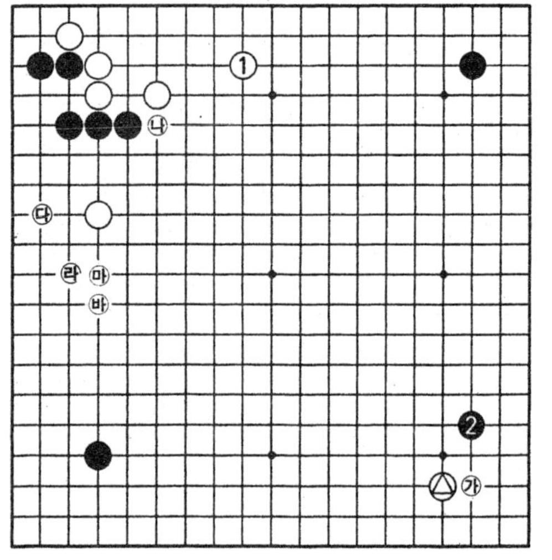

8도 백 1 의 비마에는 이 국면에서는 혹 2 로 걸친다. 백 △ 표가 ㉮의 3·3에 있으면 혹 2 로는 좌상에 둔다.   이것은 선수의 의미가 있다. 또 ㉯로 미는 것이 선수. ㉰의 곳도 좋다. ㉲,㉳,㉴ 는 미지수.

제 3 장

프로에겐
정석은 없다

신수. 신형탄생의 괘적

본장의 포인트

프로기사는 실전에서 생기는 여러 가지의 변화를 대국적으로 보기 때문에 반드시 정석에 국한하지는 않는다.

프로는 수순이나 모양에 따라 검토하고 결함을 찾아 결론을 내리기로 한다.

정석무용에서, 사석작전 등 장소에 따라 수시로 변한다.

그렇기에 정석선택의 선악도 프로라고 하더라도 승패에 직결한다.

그래서 본장에서는 나오는 소재를 음미하면서 신중하게 프로의 입장에 서보아야 한다.

어느 정도 알고 있는 모양이라고 하더라도 자기의 실력을 충분히 검토하여 정석이 파생되고, 탄생되는 줄기를 찾아 검토하여 나간다면 본인의 실력배양에 막대한 힘이 되리라 의심치 않는다.

여기에 나오는 실전모양을 참고하기 바란다.

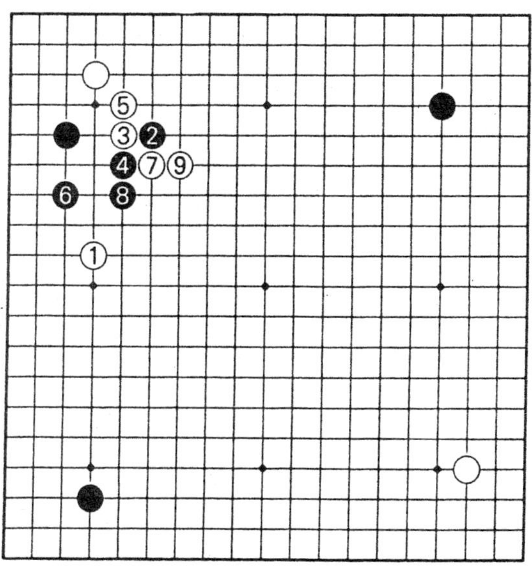

제1형
프로가 무시한 정석 진행

　부분적으로는 맥이라 하더라도 전국적인 대세관을　길러야
한다. 제38기 본인방전의　실전보이다.

　쌍방의 의욕적인 서반 진행이다. 백 1 의　3칸 높은 협공에
혹 6 이 진기한 수법이다.

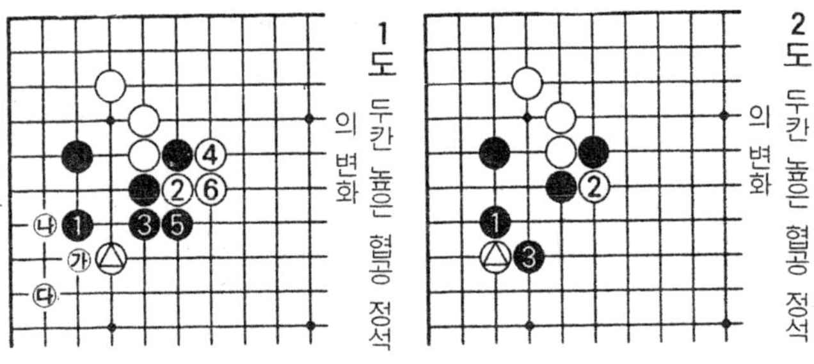

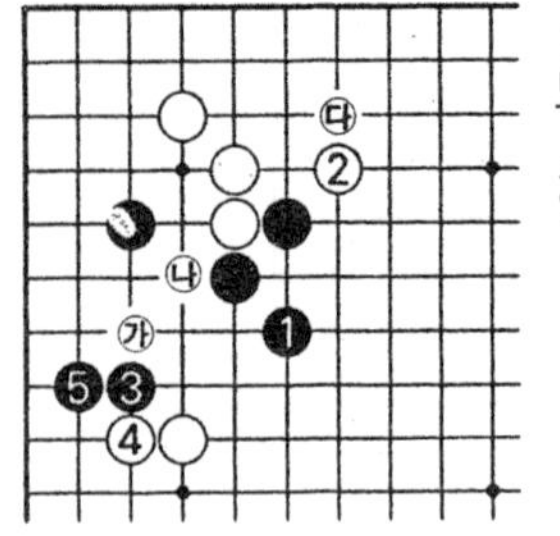

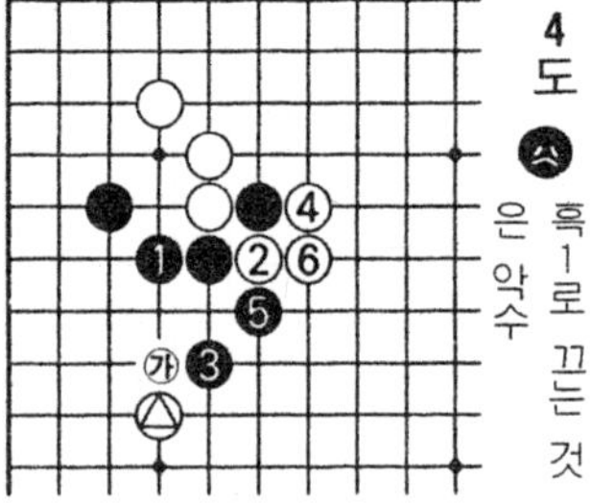

1도 백△표의 2칸 높은 협공에 흑1은 정석. 이하 6까지인데 이 모양에서는 ㉮의 내려섬 다음 ㉯의 젖힘이 크다. 흑㉰의 미끄러짐이 급하지 않는 수.

2도 백△표가 낮은 위치라면 흑3의 젖힘으로 바꿔치기가 이루어 진다.

3도 기본도의 흑6에는 흑1로 상변을 호구치는 수가 있다. 이것은 5까지 정형이다. 백2로 ㉮는 흑㉯, 백㉰로 될 자리.

4도 흑1로 뻗는 것은 6까지 되어 흑이 나쁘다. 백△표가 ㉮에 있어야 정형이다.

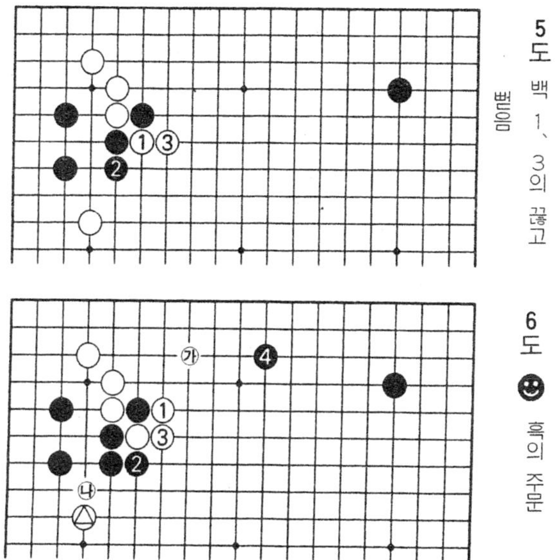

5 도 실전의 1 의 끊음은 당연하다. 백 3 으로 뻗어 흑의 주문을 피한다. 백 3 은 중앙으로 향하는 수가 남는다.

6 도 그러면 기본도에서 흑의 주문을 나타내는 모양을 나타내 보자 백 1 로 단수하는 것은 이하 흑 4 까지 흑의 주문이다. 다음 ㉮가 호점이 된다. 왜냐하면 백△표가 ㉯의 곳에 없기 때문이다.

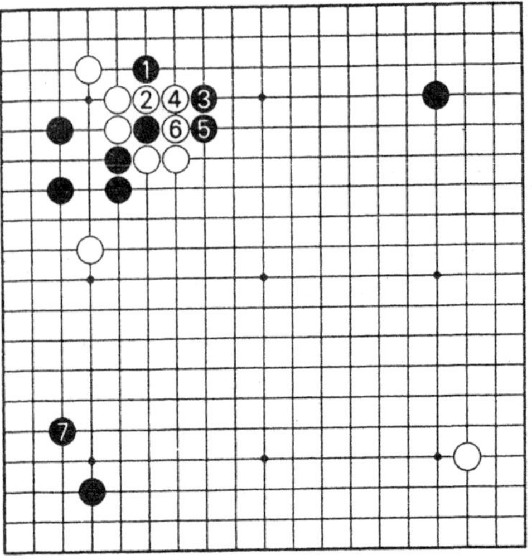

7 도 기본도
에서 백 2 로
나가는 것을
유도하는 수가
신수. 이하 3
, 5 까지—.

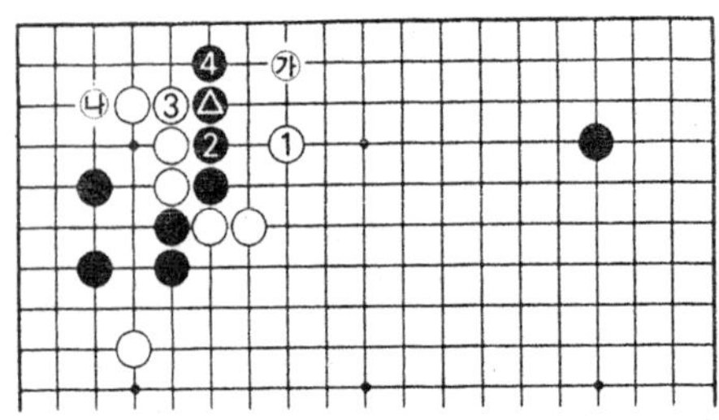

참고도 1 흑의 전투도

　참고도 1 흑🔺 표가 있을 때 백 1 로 두면 흑 2 다음 흑 4
의 내려섬이 급소. 계속하여 백㉮에는 흑㉯로 붙여 흑승이
다.

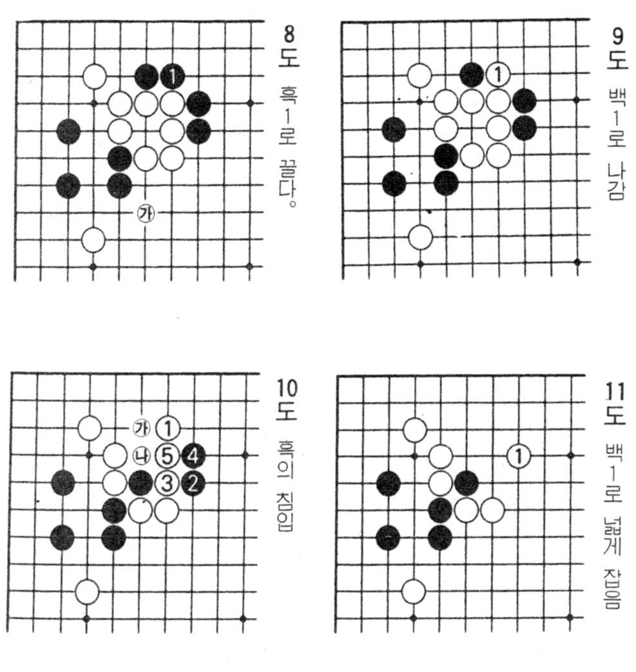

8도 7도에서 계속하여 혹 1 로 끌고나오는 것은 크다. 그러면 백 ㉮의 곳이 눈에 보인다.

9도 손을 빼면 백 1 로 내려선다. 이역시 큰 곳이다.

10도 전도의 혹 1 이 없다면 백 1 로 잡는다. 혹 ㉮, 백 ㉯ 를 무시하고 혹 2, 4 로 활용하는 형이다.

11도 본래 백이 이곳을 둔다면 백 1 로 넓게 두어 잡는다.

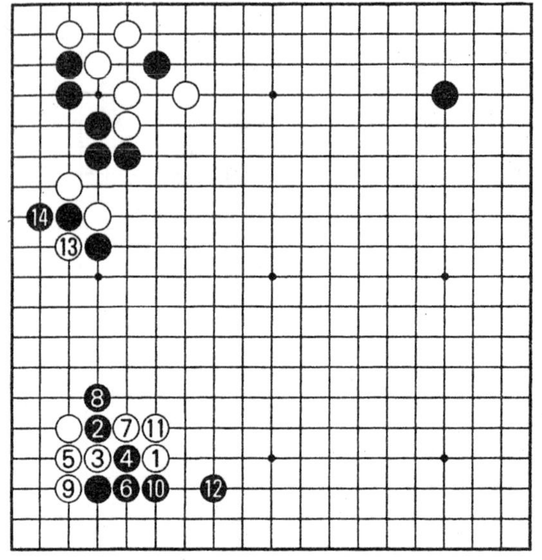

제 2 형 허허실실 (虚虚実実) 의 기술

아마추어는 단순한 방법을 취하기 때문에 제반 정석의   변
화를 생각할 겨를이 없다. 그러나 프로는 다르다.   기본도는
허허실실의 보로 혹번이 일본의 유명한 미원(梶原) 9 단이다.

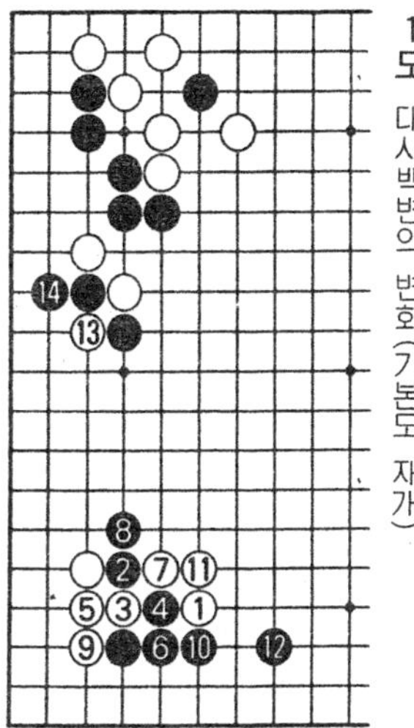

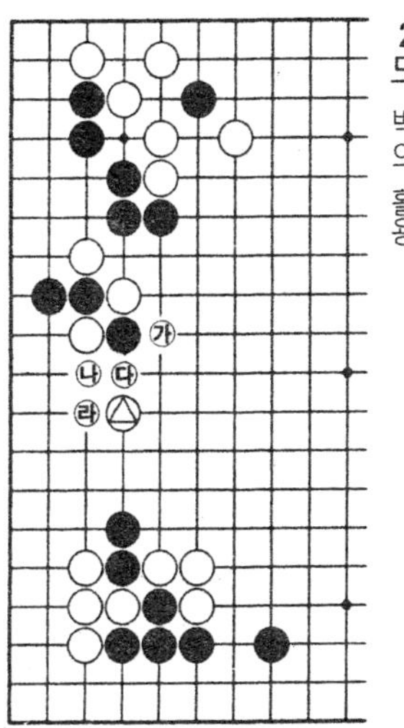

1도 백1의 대사백변에서 흑12
까지는 정형이다.

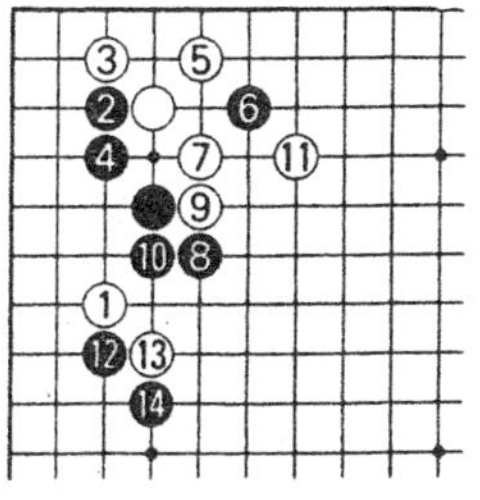

참고도 1 신형(新型)

2도 이다음 좌변을 끊는 맥이 있다. 상당히 복선이 깔린
진행이다. 백△표가 좋은 맥점이다. 다음에 백㉮로 단수하
여산다. 이밖에 ㉯의 뻗음, ㉰, ㉱의 곳등이 있다.

참고도 1 좌상귀의 수순에서 흑12, 14가 교묘한 수이다.

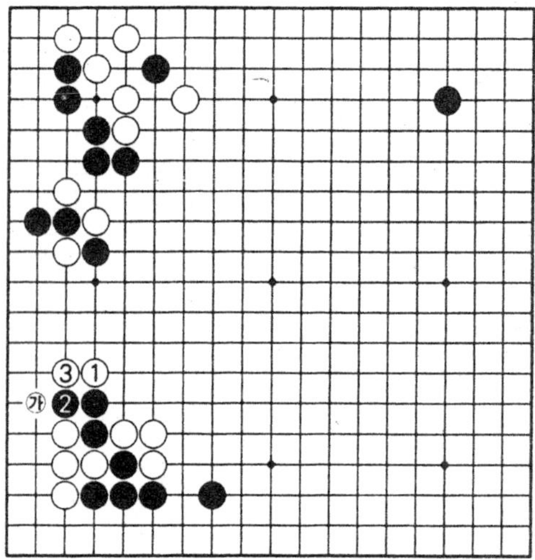

3도 백의 다음 수는 백1의 코붙임이 있다. 흑이 정확히 받으면 불리하지 않다. 흑2에는 백3으로 미는 것이 맥이다.

참고도2 3도, 백1, 3 다음 흑은 되돌아간다. 불리함이 통설이다. 흑㉮, 백㉯, 흑㉰, 백㉱로 돌파하여 나간다. 가운데의 흑이 무겁다는 판단이다.

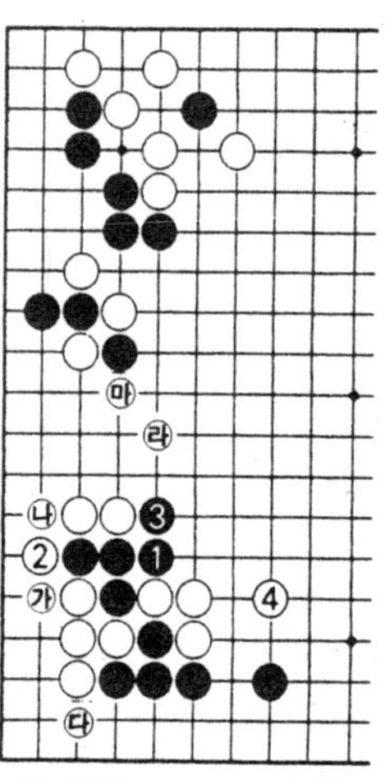

참고도 2 백이 타개의 장면

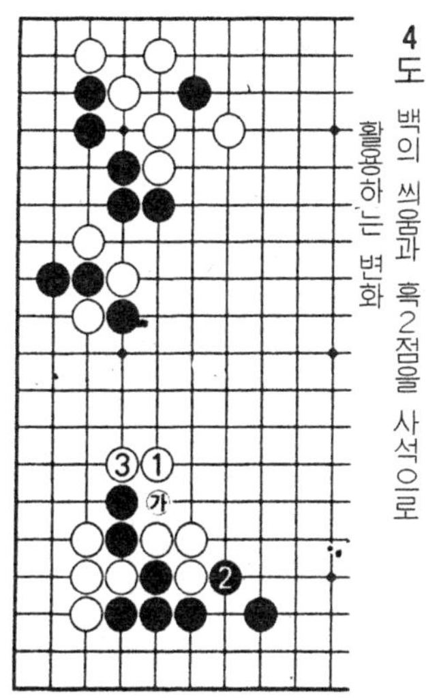

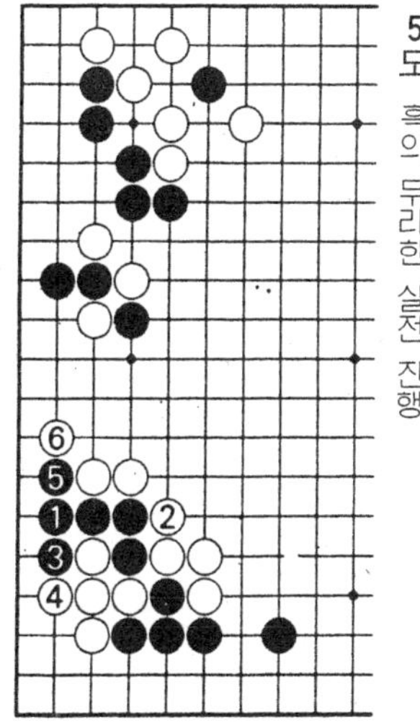

4 도 3 도, 백 1 로 1 의 곳을 씌우면 흑이 2 점을 직접 움직이는 것은 무리다. 그래서 흑은 흑 2 점을 사석으로 이용한다. 백 3 으로 ㉮로 잡는 것은 두텁다.

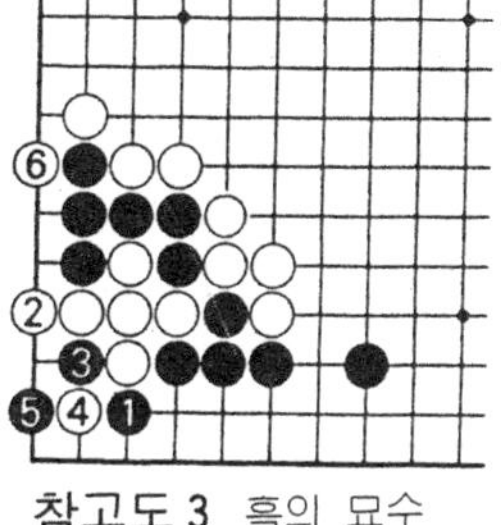

참고도 3 흑의 묘수

5 도 실전에 계속하여 흑 1 에는 백 2 의 막음이 있다. 이하 6 까지 된다음—.

참고도 3 흑 1 로 젖히면 백 2 가 절호의 맥이다. 백 6 까지 흑을 잡는다.

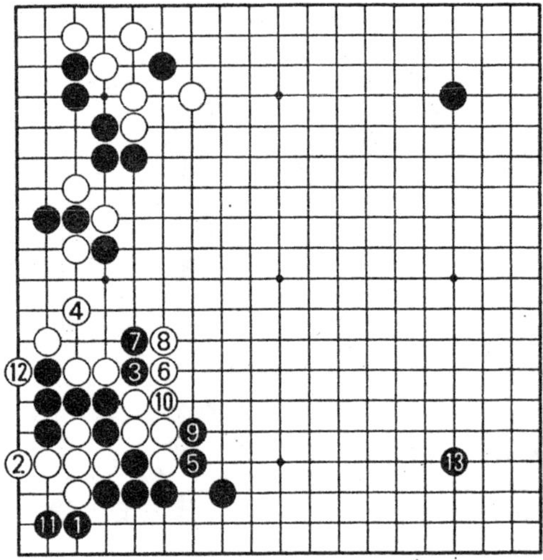

6도 5도의 계속으로 실전진행이다. 혹은 1의 젖힘 다음 3으로 끊는다. 이것이 혹의 작전이다. 백 13까지 혹의 대성공이다.

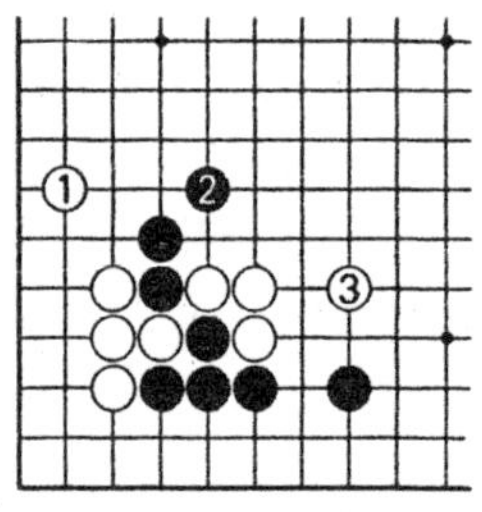

참고도 4 알기쉽다.

참고도 4 기본도에서 백은 1로 날일자면 혹 2, 백 3으로 알기쉽다.

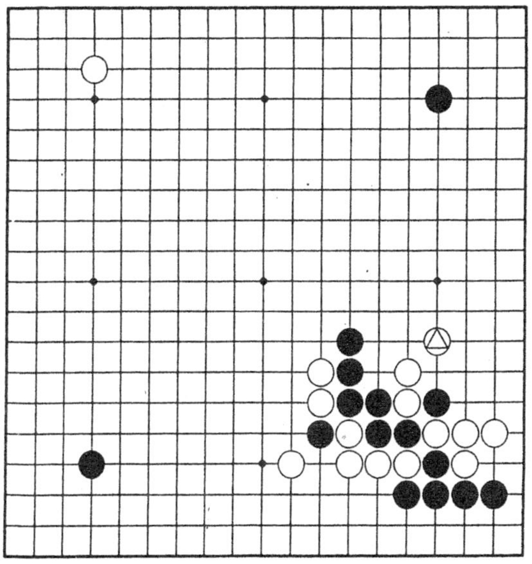

제 3 형 유명한 신수의 주변

　정석은 일진월보하여 점차 미완성 정석에서 신수가　나타난
다.　알기쉽게 두는 것이 신수에 대처하는 방법이라고도 할 수
가 있다.
　프로의 실전에서 좌하귀에 대변화가 이루어졌다.

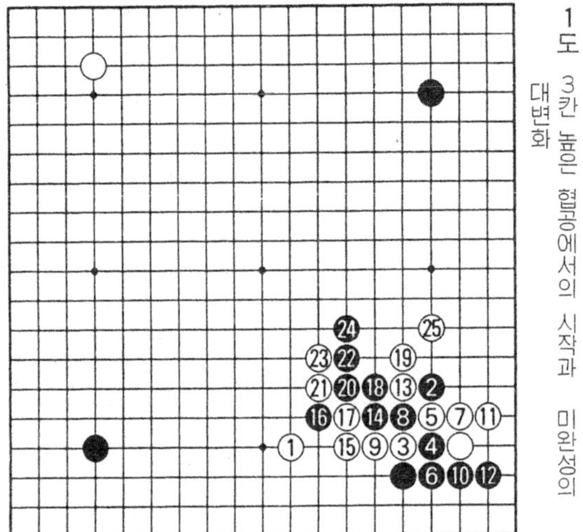

1도 기성전에서 나타난 변화다. 백1의 3칸 높은 협공에 흑2의 대사백변의 출발점. 백11이하는 한수 한수에 변화의 여지가 많다. 신형이 나타난 것이다.

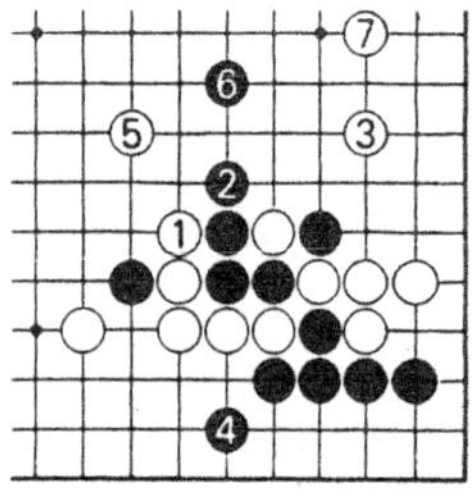

참고도 1 호각의 갈림

참고도 1 이 중에서 유력한 변화를 나타내 보고자 한다. 백 19로는 1로 나가는 것이 서로 알기쉽다.

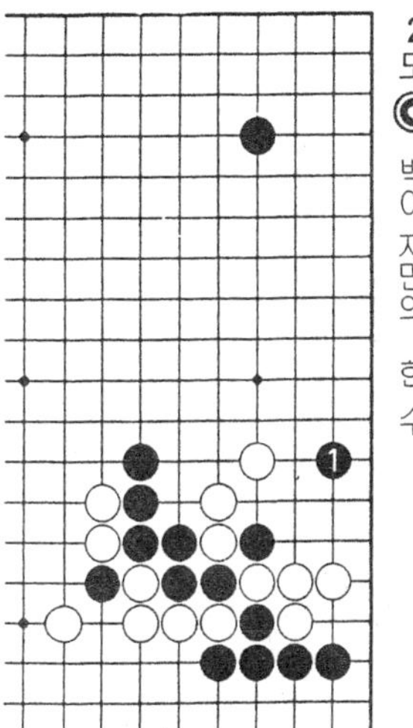

2도 기본도에서 계속하여 본도의 흑 1은 날카로운 수이다.

3도 계속하여 백 1로 받으면 흑 2가 급소다. 이후 20까지 변화.

참고도 2 백 1의 마늘모 다음 백 5까지의 모양이다.

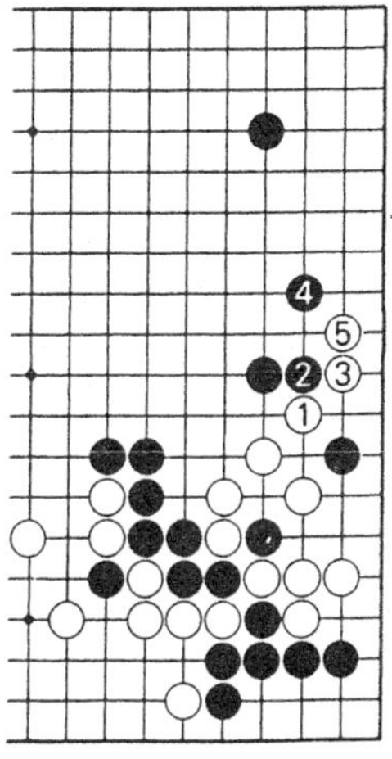

참고도 2 백의 다른 방법

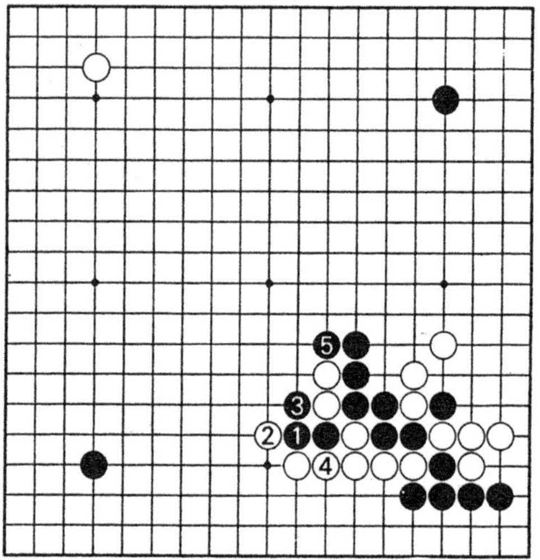

4도 기본도의
모양에서 흑1의
진행을 볼 수가
있다. 흑 1, 3
으로 단수하여
나간다.

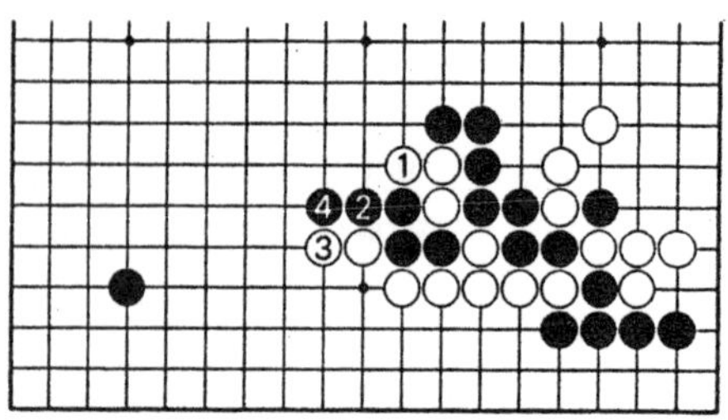

참고도 3 나가는 것은 무리

참고도 3 계속하여 백 1 로 나가는 것은 무리이다.

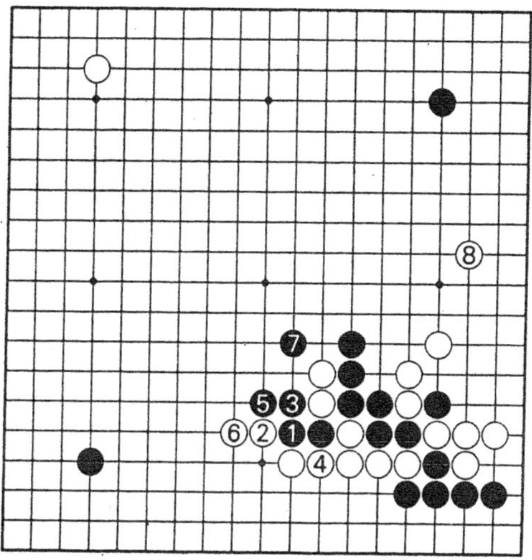

5도 혹1에서 5까지 구부러지면 백6 다음 7로 중앙의 2점을 잡는다. 그러면 백은 8로 우변을 전개한다.

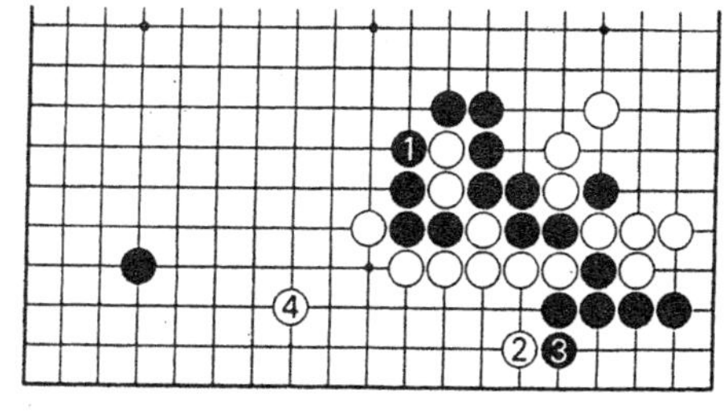

참고도 4 2점을 잡는다.

참고도 4 4도 다음의 문제는 백이 손을 빼면 혹1로   때린다. 백2로 활용한 다음 백4까지의 변화로 혹이 불만이다.

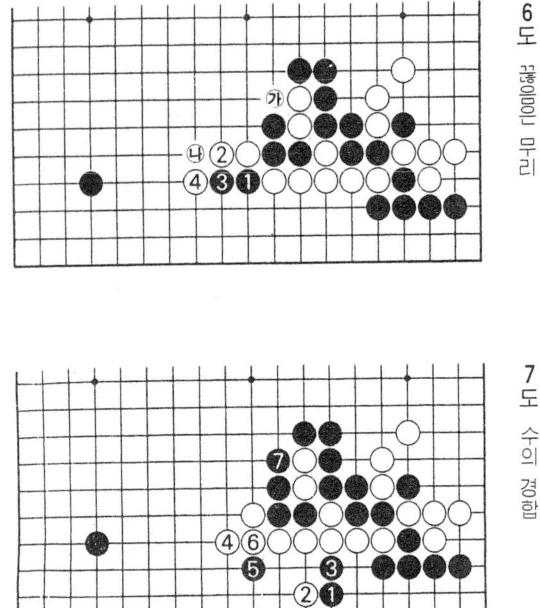

6도 여기에서 흑1의 끊음은 어떤가? 축이 불리하여 무리다.

7도 흑1의 날일자로 백의 응수를 물은 다음 5로 들여다 보는 것이 유력한 수단이다. 그다음 7로 때린다.

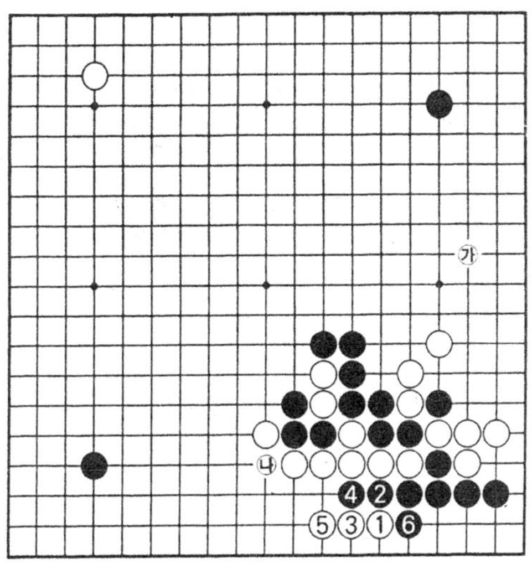

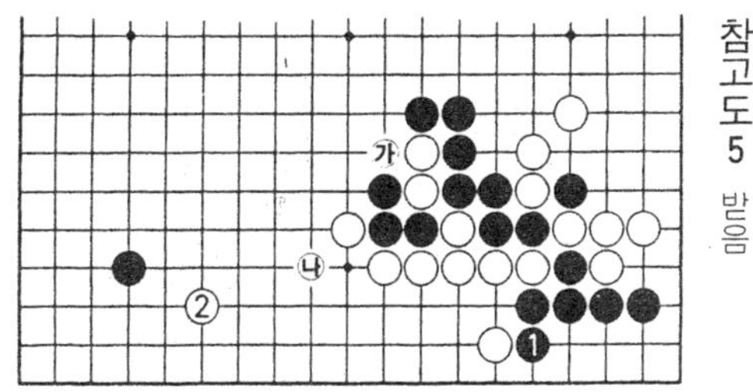

8도 4도에 계속하여 실전의 진행이다. 백 1 로 두는 것도 조금 지나친 느낌. 흑 2, 4 에서 6 까지. 백 ㉮ 면 ㉯ 의 끊음 이 엄하다.

참고도 5 흑 1 에는 백은 가볍게 방향을 전환한다. 흑이 ㉮ 의 곳을 손빼면 백은 ㉯ 의 곳을 지킨다.

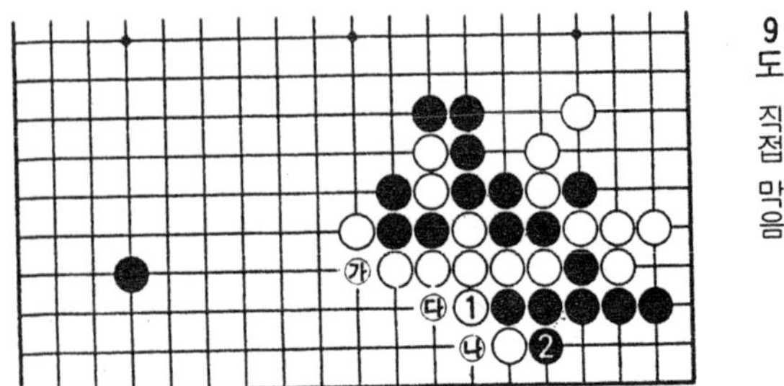

9도 8도, 백 3으로 백 1의 내려섬은 혹 2로 산다. 다음
㉮의 끊음이 엄하다. 백 1로 ㉯의 곳은 혹 1로 나오고 백
㉰로 막을 때 ㉮의 곳을 끊는다.

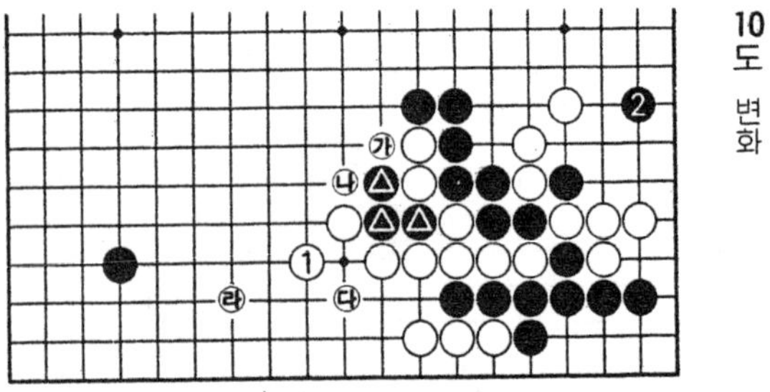

10도 8도의 백 2로 직접 1의 곳을 지키면 혹●표 3점
을 가볍게 보고 방향을 전환하여 나간다. 하변을 백 1로 지
키면 백 ㉮, 혹 ㉯로 모양이 결정된다.

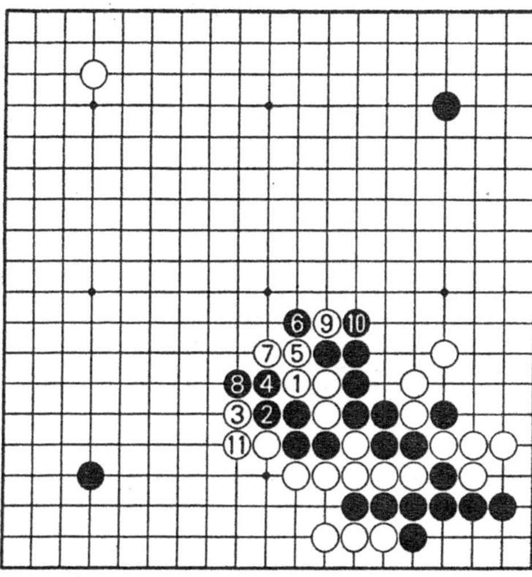

11도 8도에 이어 직접 백
1 로 움직이면 백 고전의 양
상이다.

참고도 6 전도의   백 9 로
1 로 이으면 흑 2 로 뻗고 4
의 젖힘이 통렬하다. 백 ㉮ 는
흑 ㉯ 로 응수한다.

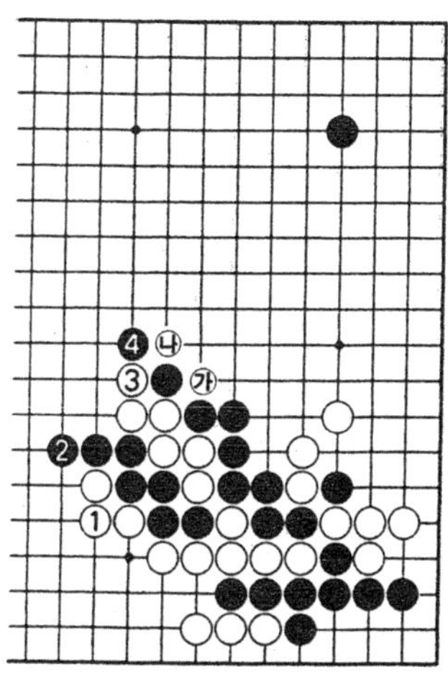

참고도 6 백의 고전

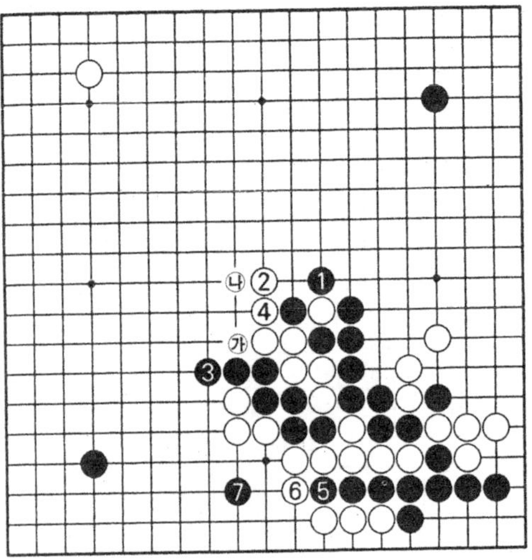

12도 11도 다음 흑1로 때리는 것이 선수이다. 흑의 좋은 모양으로 백2를 생략하면 흑㉮, 백4, 흑㉯의 장문이다. 흑3의 선수로 둔 다음 흑5, 7로 공격한다.

참고도 7 끊은 이상 백1로 뻗으면 흑2, 4 다음 ㉮와 ㉯가 맞보기이다.

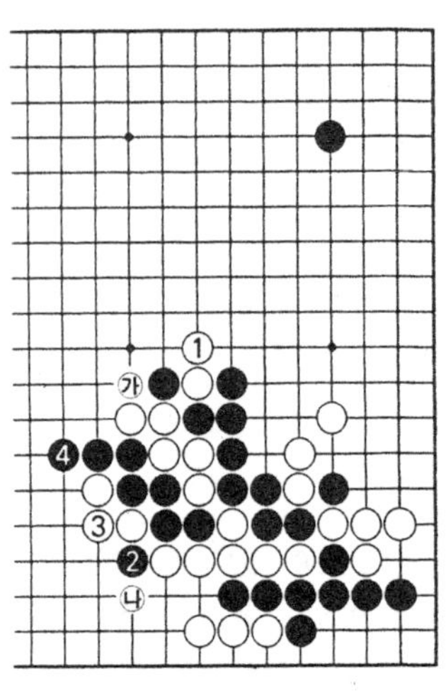

참고도 7 백이 나쁘다

제 4 장

전투 포석

본장의 포인트

먼저, 3 연성, 중국류, 전국적 포석을 살펴보았다.

지금 여기서 공부해야 할 것이 고바야시(小林)의 전투포석이다.

정석을 부분적으로 파악하는 시대에서 무용의 포석이 등장하였다.

3 연성이나 중국류는 변의정석이 상당부분 정형화되었다.

고바야시류(小林流)는 연구도상의 포석으로 3 연성, 중국류, 등 다양하다.

여기에서는 3 연성이나 중국류 등의 후속 변화에 대해서 여러 가지 남아있는 변화를 검토해 보고자 한다.

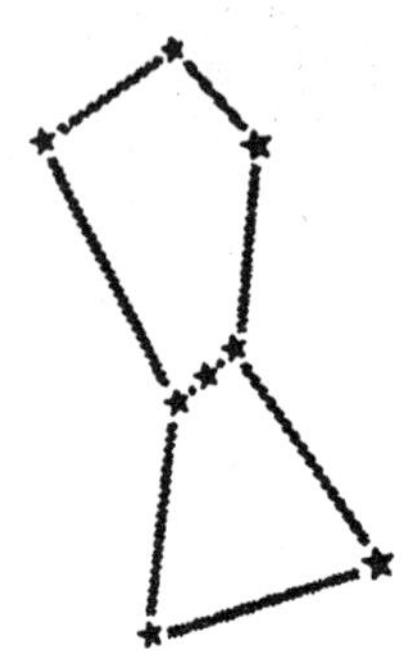

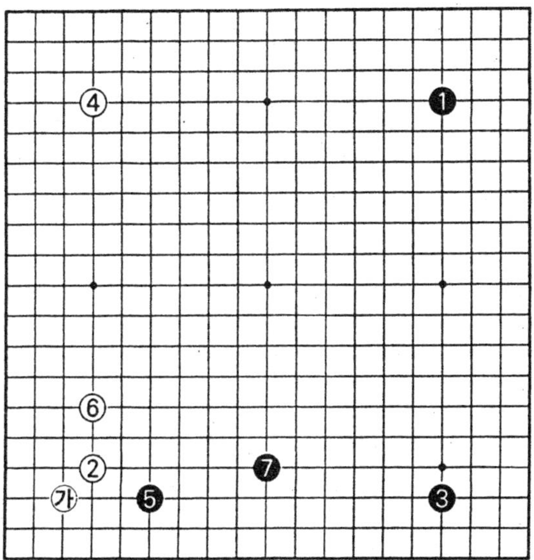

제 1 형

걸침으로 전투를 유도

혹 1 의 화점에 대하여 백 2 를 ㉮에 대각선으로 착수하는 것이 많다. 백 2 가 소림류 포석의 시초. 그래서 혹 3 에는 백 4 , 이하 7 까지 기본구상이다.

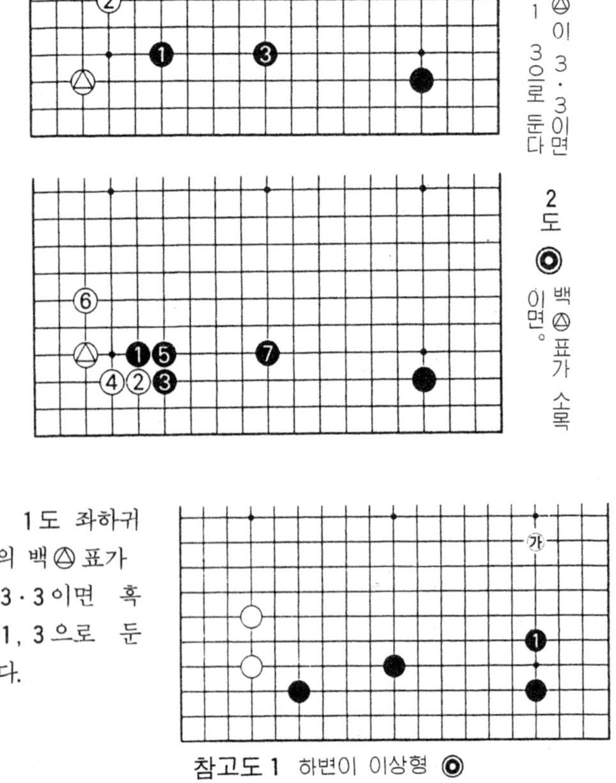

1도 좌하귀
의 백△표가
3·3이면 흑
1, 3으로 둔
다.

참고도 1 하변이 이상형 ◎

2도 좌하귀의 백△ 표가 소목이면 한칸 높은 걸침을 한다.

참고도 1 백에 대하여 흑1은 이상형이다. 흑1로 ㉮의 곳에 두면 중국류의 환원이다.

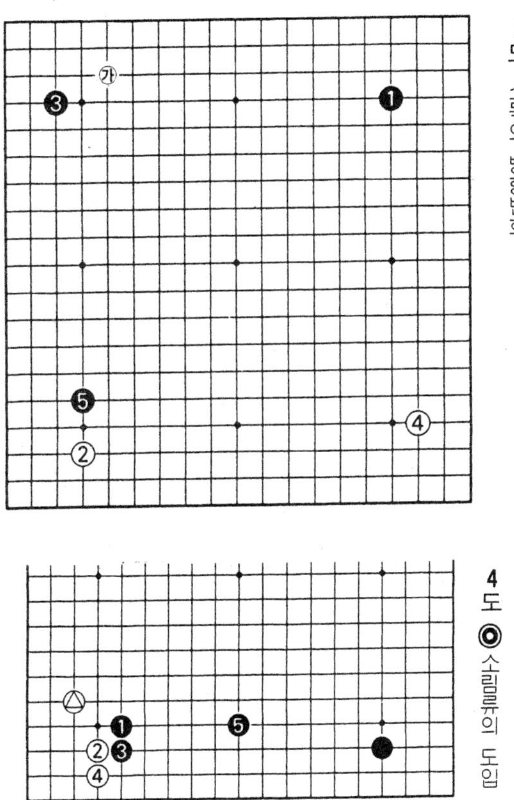

3 도 백이 소목의 방향을 변환하여 2 에 두면 혹 3 으로 둔다. 백 4 로 ㉮의 걸침도 있다.

4 도 백이 귀를 ◎표의 외목으로 두면 혹 1, 3, 5 로 둔다.

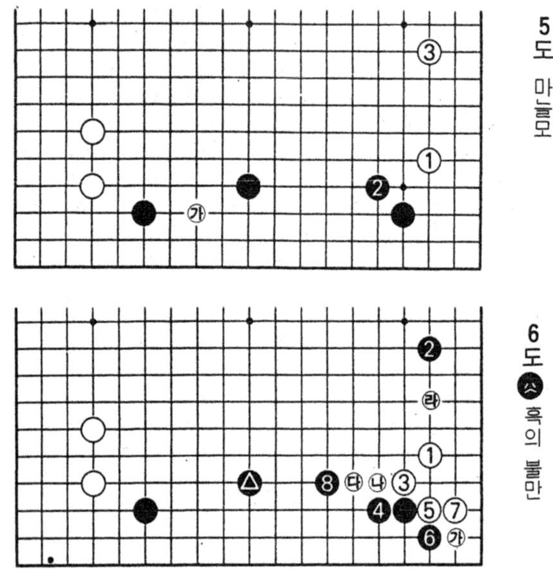

5 도 백 1 의 날일자에 혹 2 의 마늘모를 검토하여 보자.
백 3 으로 넓게 벌리면 하변에 백㉮의 침입이 남는다.

6 도 혹 2 로 다가서면 백 3 으로 모붙임을 한다. 이하 7 까
지 되는데 혹● 표가 너무 가까와 불만이다. 혹 4 로 5 는 백
4 로 젖혀 전투형 포석. 또 혹 8 로 ㉮의 곳을 내려서면 백㉯,
혹㉰, 백㉱로 된다. 혹● 표가 응고된 형이다.

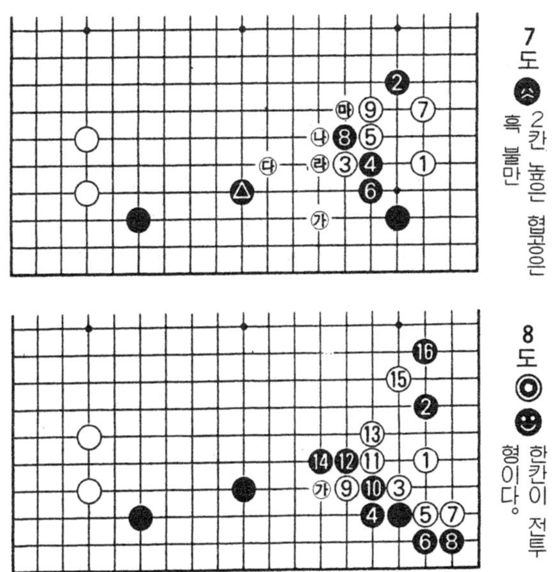

7도 흑 2의 2칸 협공에는 백 3의 2칸뜀이 유력한 응수 대책이다. 흑㉮로 받으면 흑▲표가 중도반단이 된다. 그래서 흑 4, 6으로 도전을 도전하게 되는데 백 7, 9로 근거를 만드는 것은 존외(存外)다. 다음에 흑㉯, 백㉰가 남는다. 흑㉣, 백㉱로 될자리로 흑●표가 중도반단이다.

8도 급전의 하나로 흑 2로 바싹 다가서는 수가 있다. 백 3의 마늘모에서 5, 7로 근거를 만든다. 백 9로 10의 곳은 흑 9, 백12, 흑㉮로 된다. 흑이 나쁘지 않다.

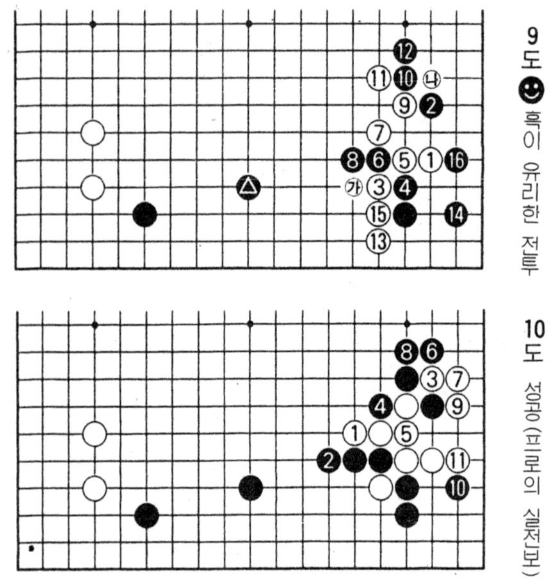

9도 백 3의 씌움에 대하여 혹이 4, 6으로 끊고 나가면 강력한 싸움이 요구된다. 혹10으로 ㉮, 백㉯의 빠꿔치기, 다음 혹10으로 둔다. 혹● 표가 원군이다. 혹10 이하의 정석 수순은 혹14가 맥이다.

10도 전도 백11로 1의 곳은 이하 11까지 실전보이다.

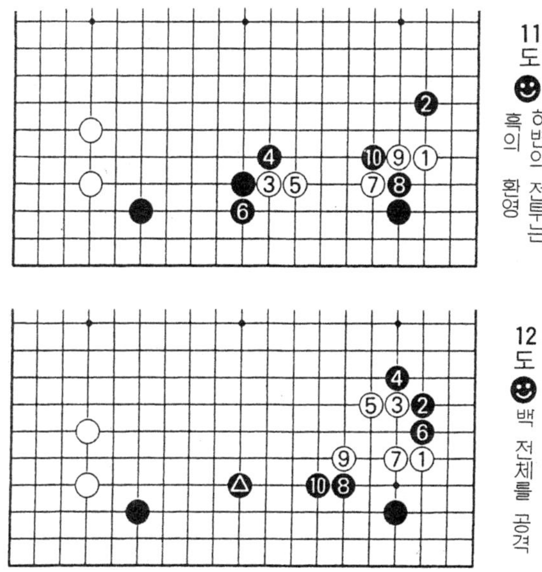

11도 백은 3의 붙임에서 7의 맥까지. 혹은 4, 6으로 응수한다. 백 7에는 혹 8, 10으로 나가 끊는다. 혹은 돌 수가 많아 환영이다. 백 5는 변화의 여지가 많다.

12도 백 3, 5로 붙이면 혹 6, 8로 평범한 모양이 선택된다. 혹 ▲표에 대한 움직임이 초점으로 백의 대응수를 연구하여 보자.

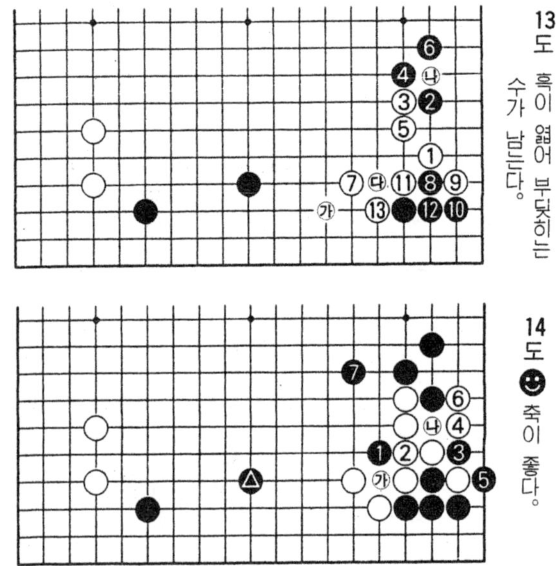

13도 백이 3, 5로 붙여 끌면 흑 6으로는 ㉮의 곳에 두는 수도 있다. 백 ㉯로 끊으면 하변에 만족스럽지 못한 형이다. 흑 6의 지킴에 백 7, 흑 8로 처리하여 이후 13까지 된다. 흑이 엷게 되는 좋은 수순이다.

14도 전도에 계속하여 흑 1엔 백 2 다음 흑 3, 5로 끊어잡는다.

백 2로 ㉮의 곳이면 흑 3으로 끊은 다음에 백 4로 차단할 때 흑 ㉯의 끊음으로 반발한다.

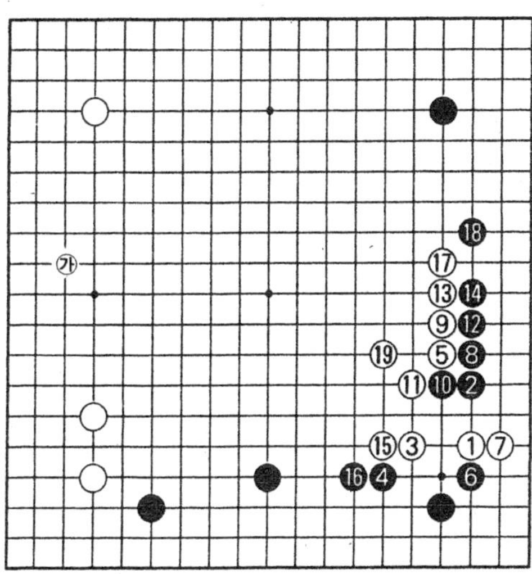

15도 백이 3으로 한칸뜀은 무난한 대응책이다. 축이 유리하여 백 5로 씌워간다. 흑 6 이하 14까지. 이 포석은 다음 ㉮의 곳이 호점이다.

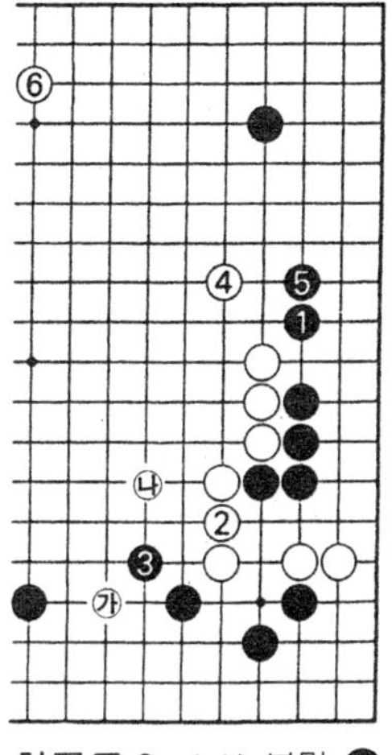

참고도 2 전도의 흑14로 1의 곳에 두면 백 2로 이을 때 흑 3으로 지킨다. 장차 ㉯의 곳에 두는 수를 엿본다.

참고도 2 흑의 불만 ⬣

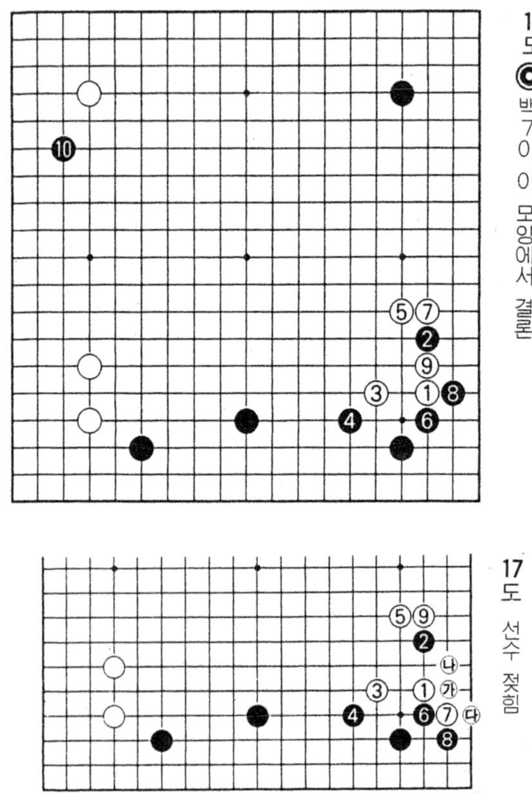

16도 흑 6 으로 마늘모하면 15도의 7 로 내려서는 것이 현재의 결론이다. 백은 두텁게 두어 후반 추격을 기대한다.

17도 흑 6 의 마늘모에 백 7 로 선수로 젖혀 놓는다. 다음 흑 ㉮ 로 끊으면 백 ㉯ , 흑 ㉰ 로 후수.

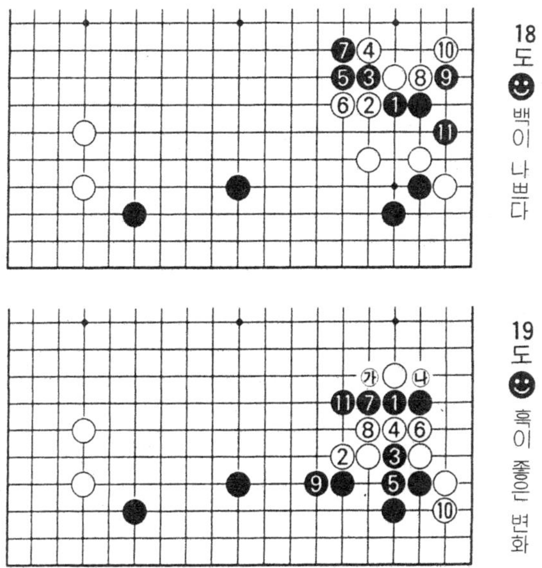

18도 젖힘을 무시하고 흑 1, 3 으로 나가 끊는 것이 강렬하다. 백 4, 6 으로 축이 유리하면 상용의 맥점이다. 흑 9, 11이 모양.

19도 흑 1 로 뚫으면 이하 11까지. 결국 16도가 쌍방 최선의 결론이다.

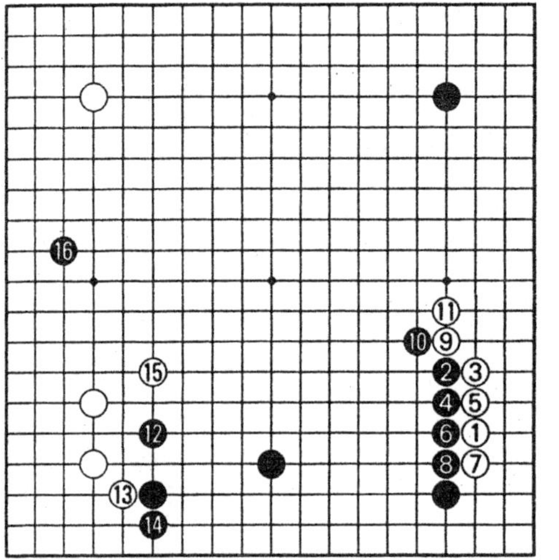

20도 혹 2 의
한칸 높은 협
공은 하변에
대모양을 구축
할 수 있어 좋
다.

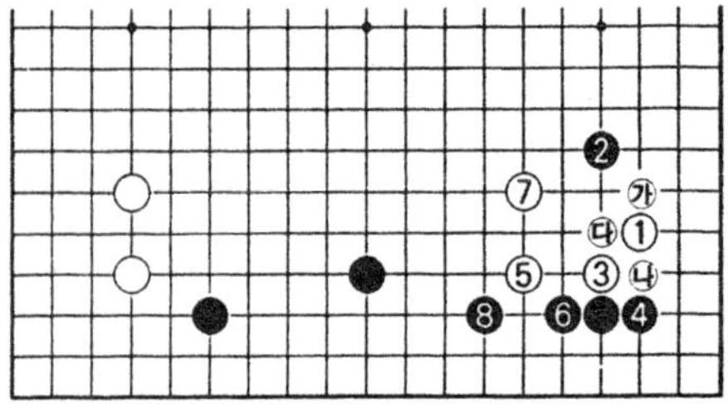

21도 혹의 변화

21도 백 3 의 마늘모에 혹 4 의 3·3은 백의 눈을 추격하
는 수. 백 3 으로 4 의 방향에 두는 것은 혹 3, 백㉯, 혹㉰
로 봉쇄한다.

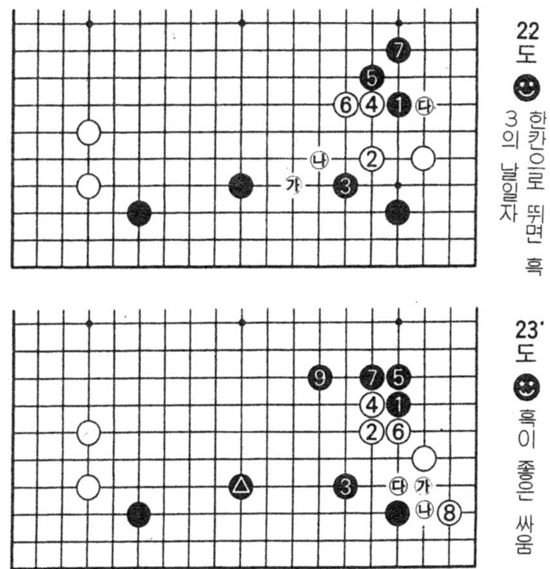

22도 백 2 로 한칸 뛰면 흑 3 으로 받는다. 15도의 5 로 직접 붙인다. 다음 백㉮, ㉯로 나가 싸운다. 흑㉰로 내려섬이 강수.

23도 백 2 의 날일자에 흑 3 , 백 4 로 구부리면 흑 5 로 끈다. 이것이 요령이다. 흑 7 로 ㉮의 곳 마늘모는 백의 근거를 빼앗는 것으로 생각해 볼 여지가 있다.

백 4 로 ㉯의 붙임은 흑㉰, 백㉮, 흑 6 으로 절단된다. 싸움에서는 흑▲표가 원군이 되어 움직인다.

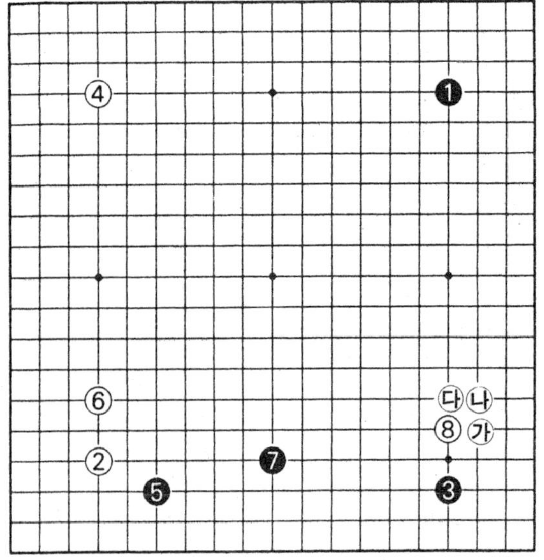

제 2 형 가까운 곳은 전투 먼곳은 실리

소림의 포석에는 백 8 이나 ㉮의 곳에 걸친 포석은 전투형
이다. 백 ㉰, ㉭로 먼곳을 두는 것은 실리형이다. 흑 7 까지
성공이다.

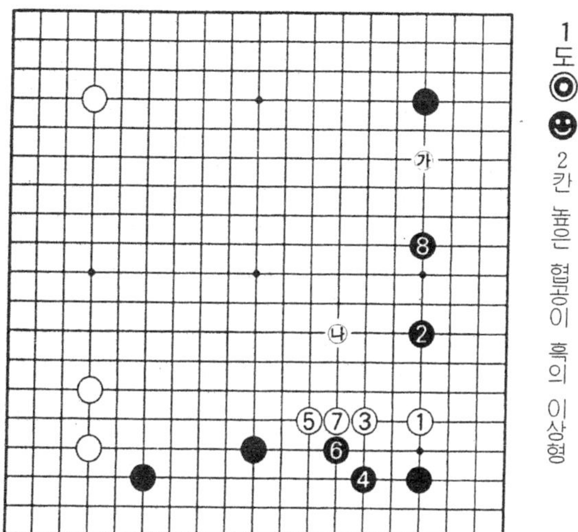

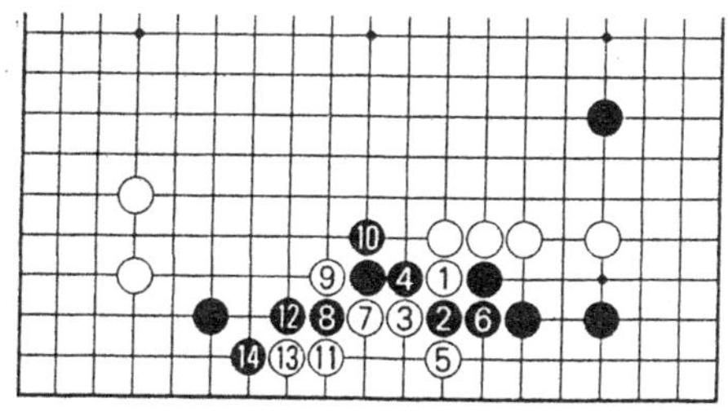

참고도 1 백 무리

　1도 백 1에 2칸 높은 협공이 적합하다. 백 3, 5 로 두면
흑 6, 백 7 다음 8 까지. 8 로 ㉮의 곳이나 ㉯는 맞보기.
흑의 이상형이다.
　참고도 1 백 1, 3 은 무리이다. 백 1 로 12는 흑 7 이다.

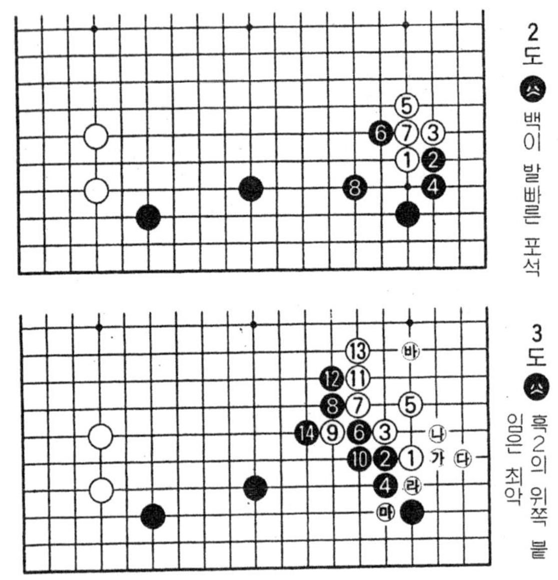

2도 흑2, 4로 붙여뻗어 귀를 굳게 지킨다. 흑6, 8로 하변에 모양을 구축한다. 전국적으로 백이 발이 빠른 포석.

3도 흑2로 위쪽을 붙이면 최악이다. 백3, 5로 평이하게 받는다. 흑6, 8로 흑이 하변에 편중되어 있는 느낌이다. 흑㉮, 백㉯, 흑㉰로 된다. 흑4로 10은 백은 ㉣, 흑㉰, 백㉱로 된다.

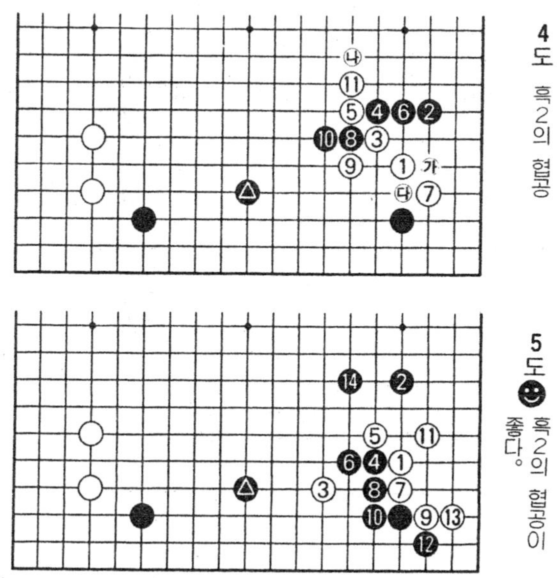

4도 같은 모양에서 흑2에 백3으로 두면 흑4, 6이 최
강. 흑8로 끊어 흑▲표를 움직인다.

5도 흑2의 협공은 어떨까? 백3의 비마에 흑4, 6 다음
14까지 모양으로 흑이 좋다. 흑▲표가 크게 움직인다.

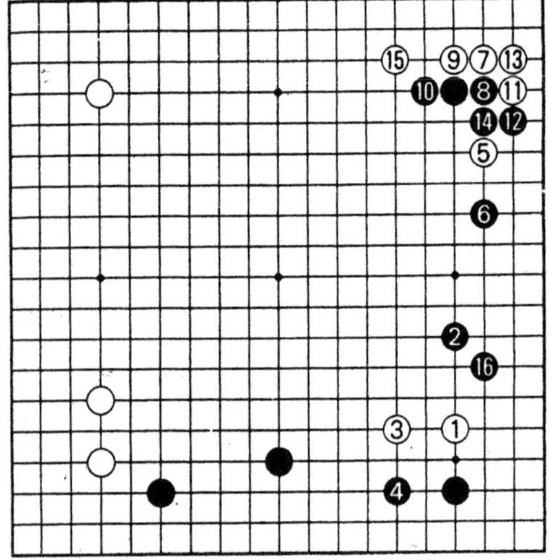

6도 백3으로 평범하게 뛰면 혹4, 백5의 결침에 혹6은 당연하다. 다음 혹16으로 백2점의 근거를 찌르며 공격한다.

참고도2 백5, 7에서 11까지 노골적으로 선수한다. 혹2가 ㉮의 곳에 있음을 유의. 2칸 높은 협공에 유리한 운석이다.

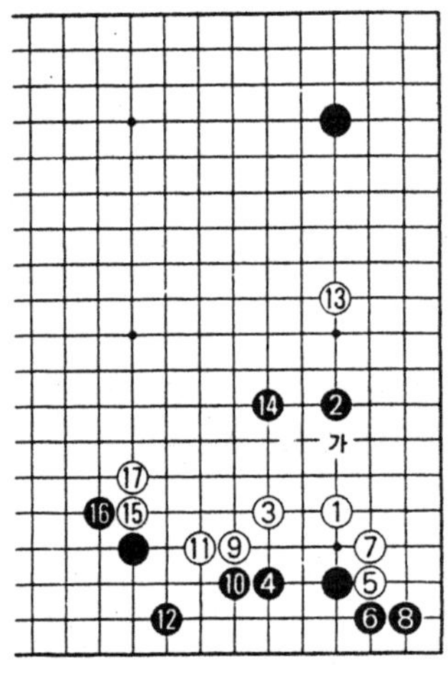

참고도 2 혹 유리한 운석

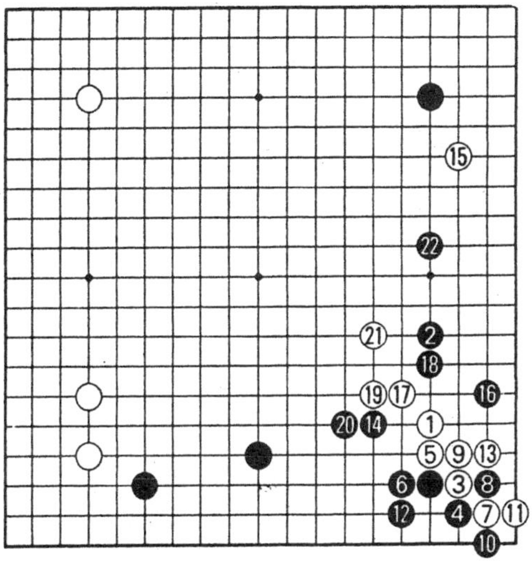

7도 백 3의 붙임다음 5로 누른다. 이다음 7의 2단젖힘이 정석이다. 15로 19의 붙여나감을 생각할 수 있다.

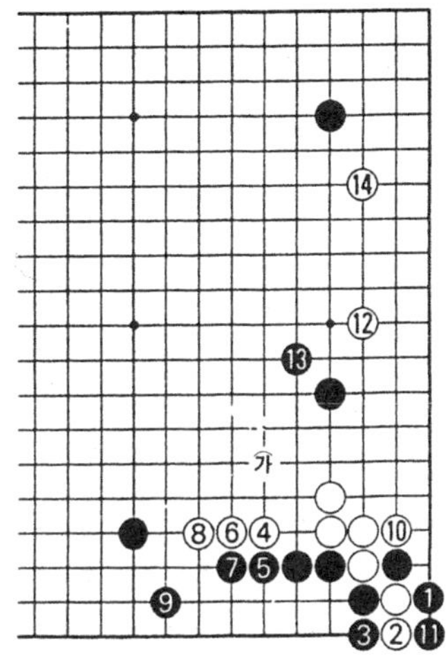

참고도 3 공격

참고도 3 전도 10으로의 단수는 11까지 기대된다. 흑 ㉮의 벽공을 노린다.

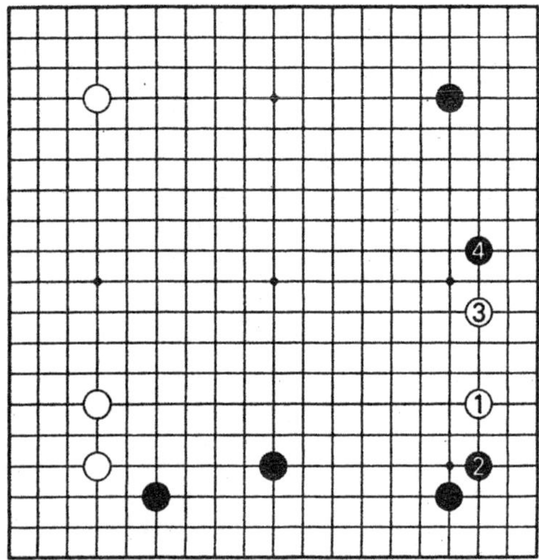

8도 백 1의 눈목자에 혹 2로 수비하면 백 3으로 벌린다. 이에는 혹 4가 호점이다.

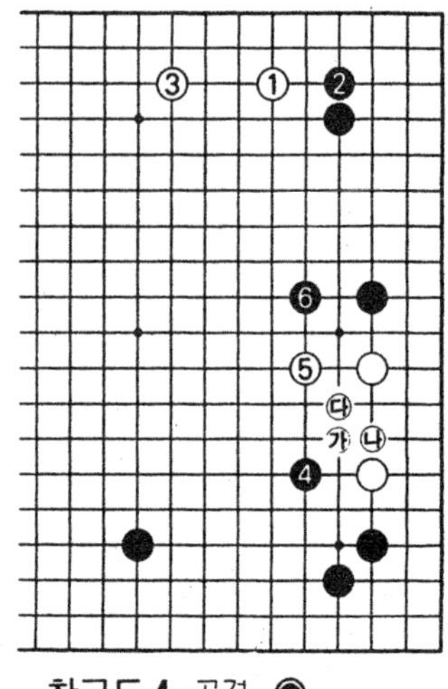

참고도 4 공격 ◎

참고도 4 전도에 계속하여 백 1, 3은 혹 4, 6으로 공격하여 호조. 혹 ㉮, 백 ㉯, 혹 ㉰로 될 자리.

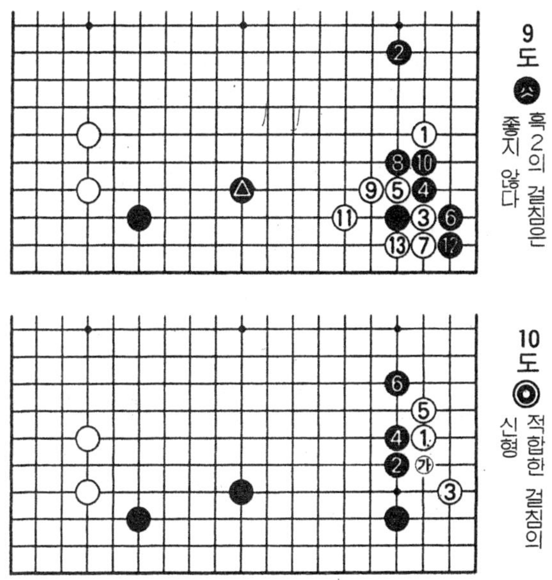

9도 혹 2 의 걸침은 백 3 이하 귀를 바꿔치기. 혹10까지 정형이다. 혹● 표가 자연히 달콤하게 보인다. 혹 4 에는 5 , 백 4 , 혹 8 을 생각해 볼 수 있다.

10도 혹 2 로 두어 대모양의 작전을 생각해 보아야 한다. 혹 4 로 6 의 곳을 압박하는 것이 통상의 정석.

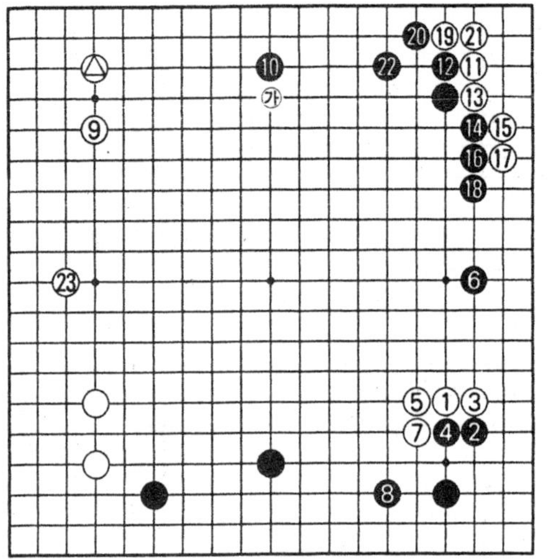

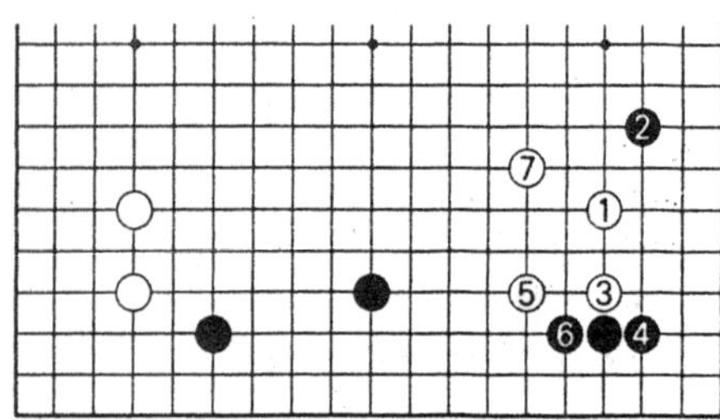

참고도 5 혹이 가장 나쁘나

11도 흑1의 2칸 높은 협공에 관하여 2, 4로 받는 것은 좌상귀 소목의 한칸뜀이다. 혹2, 4로 실리를 취한 다음 6으로 공격한다. 혹10은 ㉮의 곳도 좋다.

참고도 5 혹2의 협공은 백3이하 5, 7까지 공격한다.

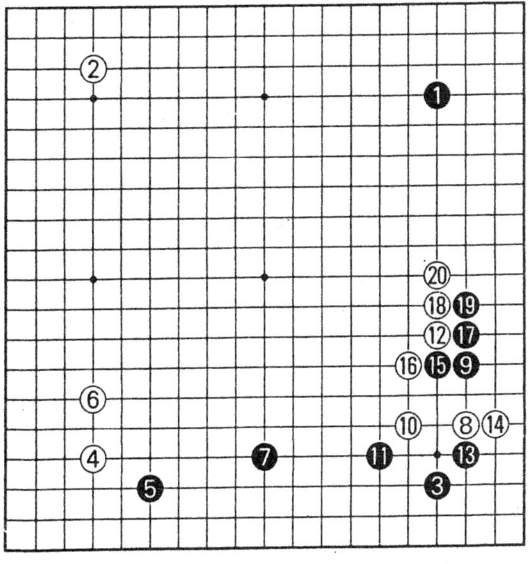

제 3 형 전투형

　정석은 주변에 근접한 쌍방의 돌을 전제로 성립하는　것이
다.
　기본도에서 백 8 의 걸침에는 흑 9 의 급공이 있다.　백 20까
지 된 다음이 문제인데 다음의 한 수는 ―

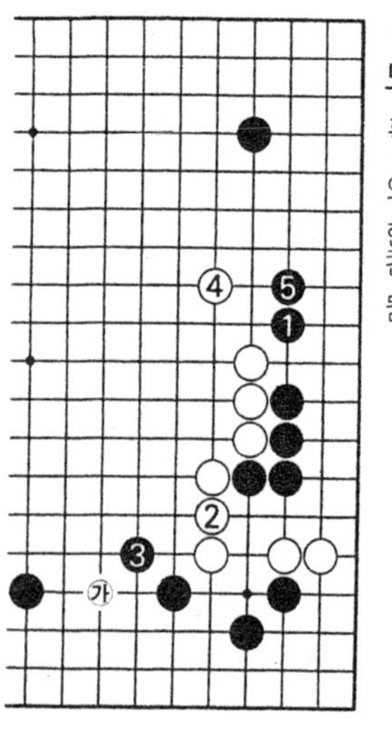

1도 혹1의 한칸 뜀. 백 2로 굳게 잇는다. 다음 ㉮의 침입을 노린다. 혹3으로 지키면 백4, 혹5로 지킨다.

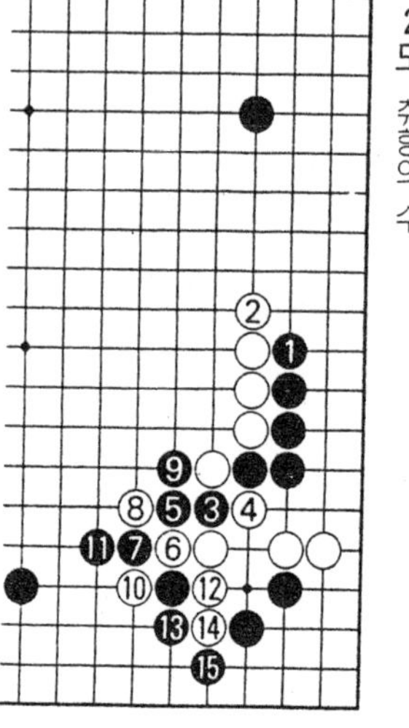

2도 혹1로 밀고 나가 백 4의 끊음에서 혹5이하. 백 4로 5는 혹4로 된다.

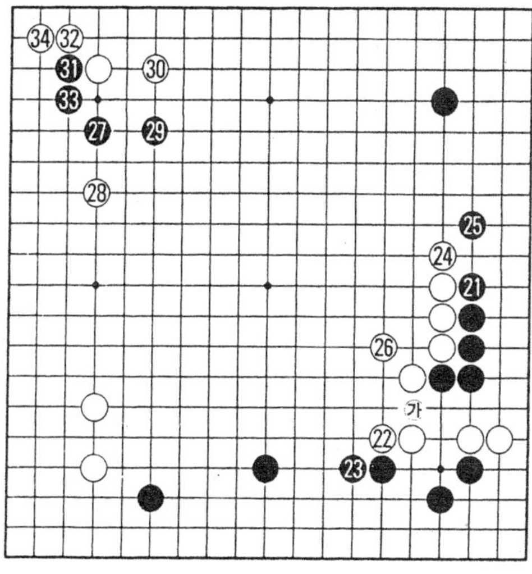

3도 흑21로 두는 것이 실전이다. ㉮의 젖힘을 강하게 노린다. 백22에 흑23은 모양. 이하 백26의 지킴은 생략할 수 없다. 부분적으로는 흑이 유리하다. 흑29이하 기성정석 수순을 도입한다.

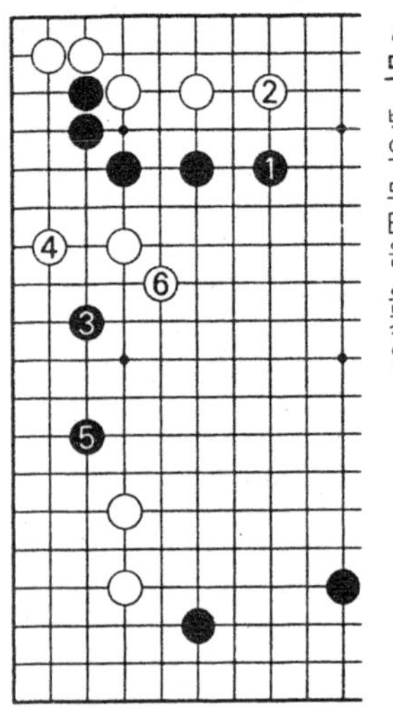

4 도 　백의 두터운 움직임

4 도 전도에 계속하여 흑1
의 한 칸은 백2, 다음 3 의
협공에는 4 의 차단이 있다.
흑5 에는 백6 의 마늘모로
두텁게 움직인다.

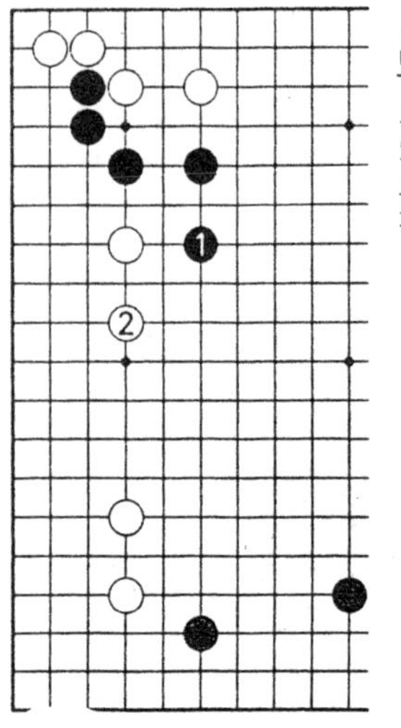

5 도 　흑의 공격

5 도 　흑1은 부분적으로
강력한 수. 백2 로 받는다.
흑은 좌변을 두텁게 하여
공격한다.

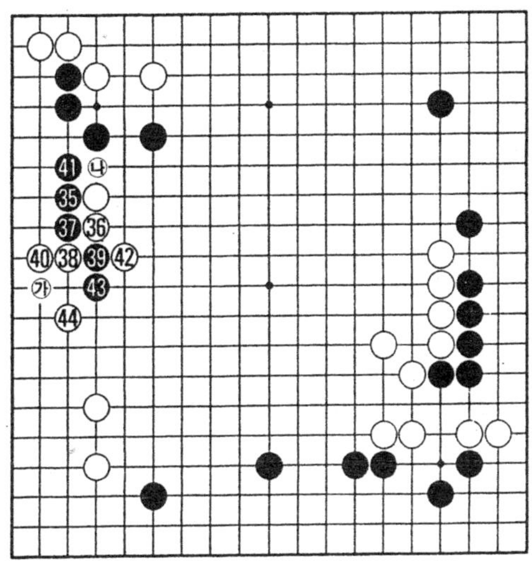

6도 흑35의 붙임은 내측을 강요한 수이다. 다음 백36에 37의 늘음. 흑39로 끊어 44까지 된 모양으로, 흑41로 ㉯로 나가는 수도 있다. 백41로 끊으면 안형을 박탈당한다. 백44까지 흑이 무거운 전투.

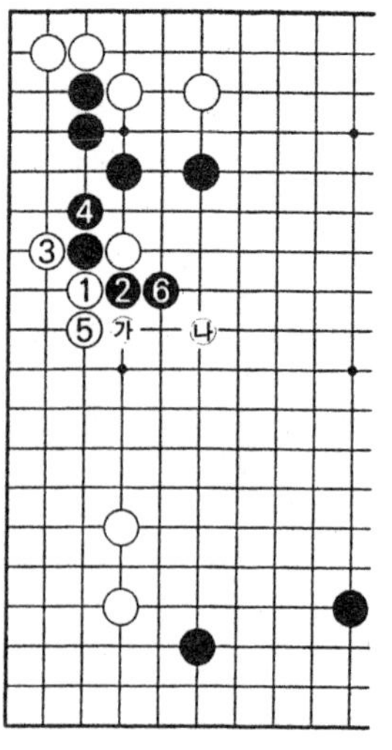

7도 전도 혹1은 부분적인 수이다. 백1의 끊음에 혹2의 맞끊음. 백3의 단수 다음 5로 뻗는다. 백의 두터운 움직임이다. 혹6에 백㉮로 두는 것은 ㉯의 곳에 두는 것이 요령이다.

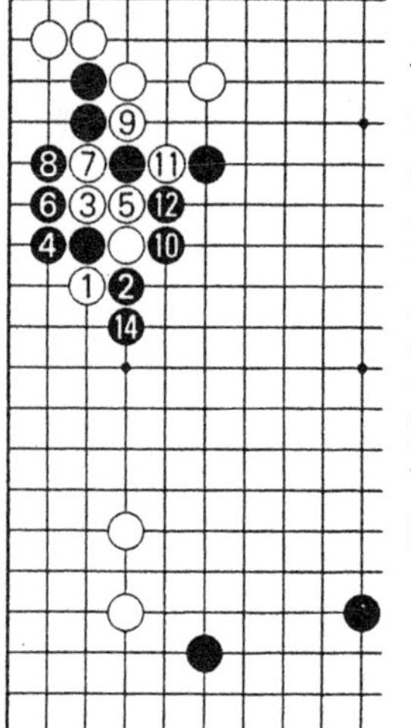

8도 혹2의 끊음에 반하여 백이 3, 5로 나가는 것은 혹 14까지 실리의 대차가 난다.

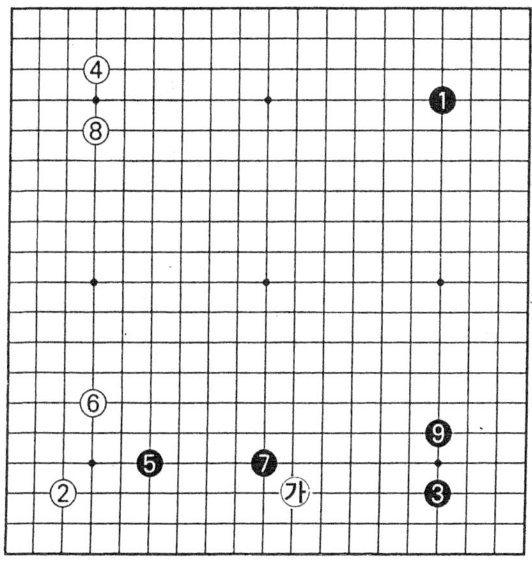

제 4 형   포석의 이상형

실전도는 제 7 기 천원전이다.

가등 천원의 흑번이다. 좌하귀의 백은 3·3 이다. 흑이 5
, 7 로 두는 것이 소림류다.

흑 9 로 한칸 뛰어 국면의 주도권을 잡는데 의의가 있다.

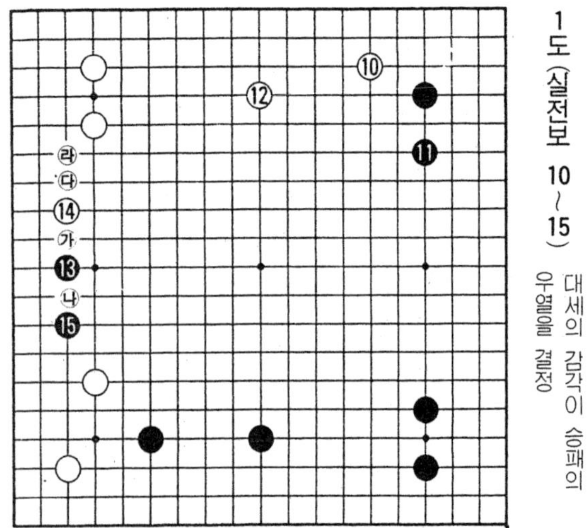

1도 백10은 구상의 기로, 서로의 주문을 피하여 기합으로 맞서고 있다. 흑13의 갈라침. 백14에 흑15는 모양이다. 흑13으로 ㉮는 백㉯, 흑㉰, 백㉱로 상변을 강화한다. 어쨌든 바둑은 대세의 감각이 포석의 우열을 결정한다.

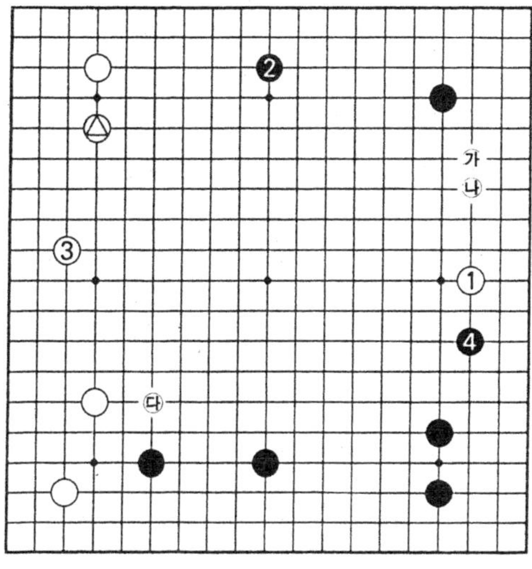

2 도 1 도, 백10으로 좌변 1 의 침입하는 수는 어떨까?

그러면 흑 2 다음 백 3 의 전개인데 흑 4 로 다가서 모양을
체계화한다. 이 다음 ㉮의 곳이나 ㉯의 진행이 예상된다. 백
△ 표에 관련된 구상의 모순이다.

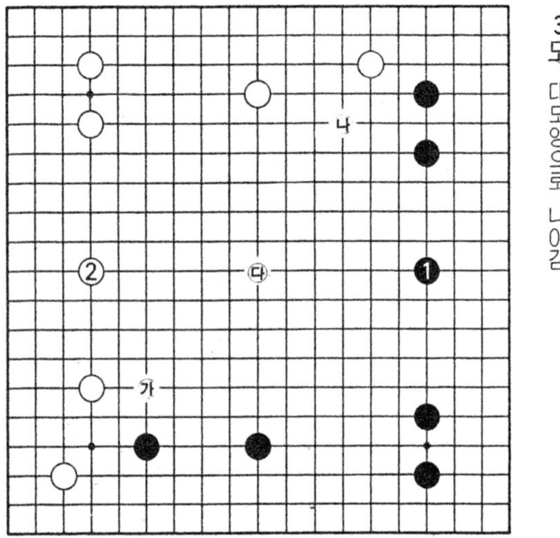

3도 1도, 흑13으로 1로 좌변을 두면 백 2로 둔다.   다음 흑이 ㉮의 곳이나 ㉯의 곳이면 ㉰의 천원에 두어 흑 모양이 우그러든다.

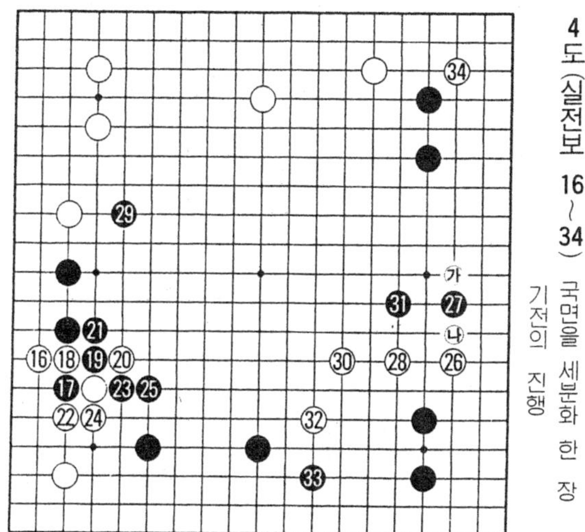

4도 백16의 날일자로 귀를 지키면 혹17로 건너붙인다. 그래서 25까지인데, 백20으로 23은 혹22로 뻗어 싸운다.

다음 26으로 우변을 둔다. 좌하귀를 봉쇄하여 대상(代償)을 구한다. ㉮나 ㉯의 붙임도 있는 곳이다. 혹27에는 28로 혹모양을 삭감해 나간다. 백은 30, 32로 일단을 공격한다.

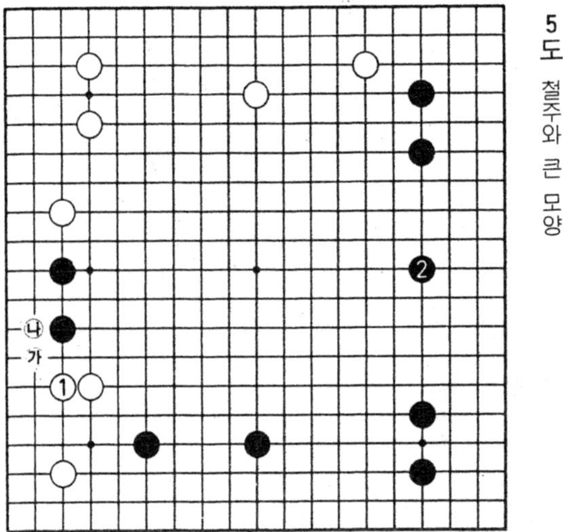

5도 4도, 백16으로 1의 철주는 ㉮로 두는 수가 있다. 다음 ㉯의 곳을 미는 수가 있다. 부분적으로는 호형으로 득이다.

종 장

정석무용의 계보

본장의 포인트

  본장에서는 전국적인 시야와 귀의 전투를 고려하여 보기로 한다.

  역사적인 걸음을 간단히 설명하여 포석의 길을 나타내 보았다

  바둑의 기원은 중국에서 일본에 전개되어 왔음을 볼 수 있다.

  정석은 절대성을 부정한다.

  이것이 신포석이다.

  그 이후 바둑은 근본사상이 재인식 되어 자유발상이 행하여져 대세의 감각, 급전의 감각, 포석 등 총칭적으로 검토해 본다.

  정석 무용의 방법!

  과연 이 방법이 전국적으로 적합한가 검토하여 보자.

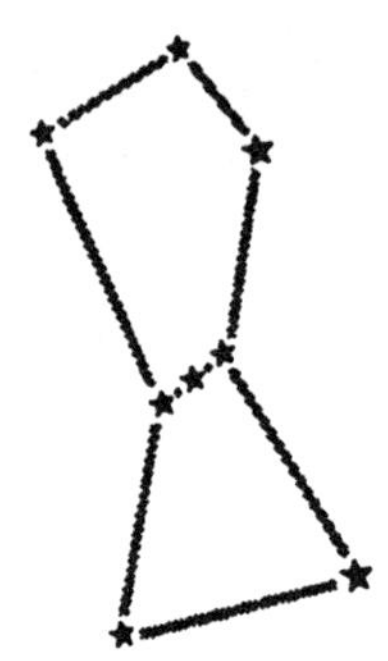

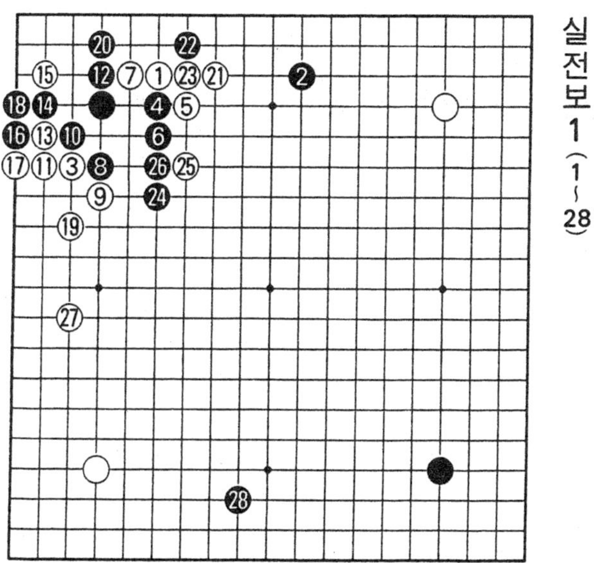

제 1 형
중국에는 후대의 2점으로 놓고 둔다.

실전보 1은 옛시대의 최고봉인 황월천(黃月天 : 선번), 오
서광(吳徐衡)의 대국이다. 고풍이 남는 모양이다.

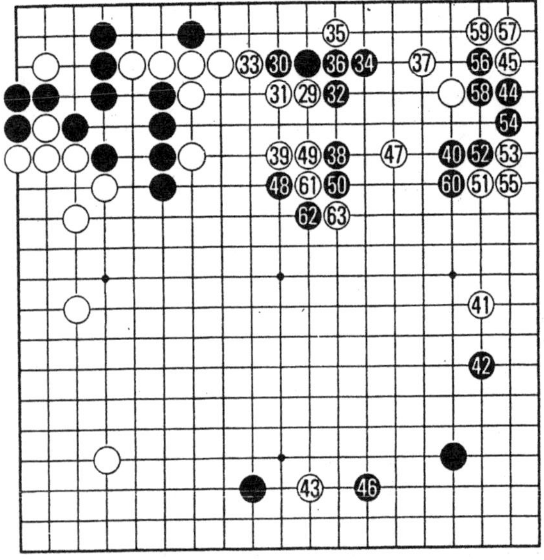

실전보 2 백29로 붙여 개전이다.
도중에 백41, 43으로 전국적인 리드
를 함.

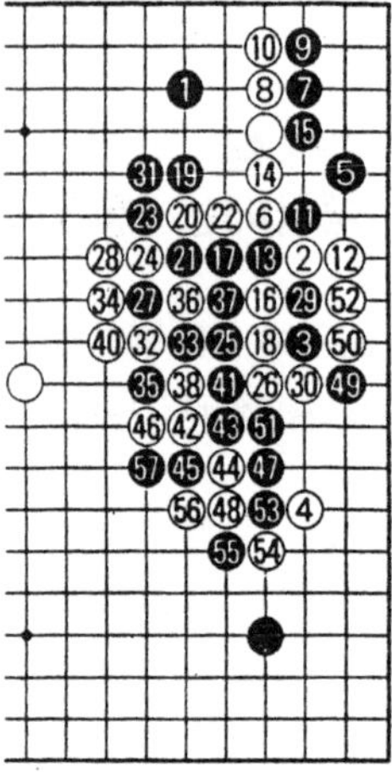

참고도 원나라대의 현현기경에 수
록되어 있는 것으로 중앙 천원에 제
1착이 예전에는 많이 두었다.

참고도 현현기경에 수록

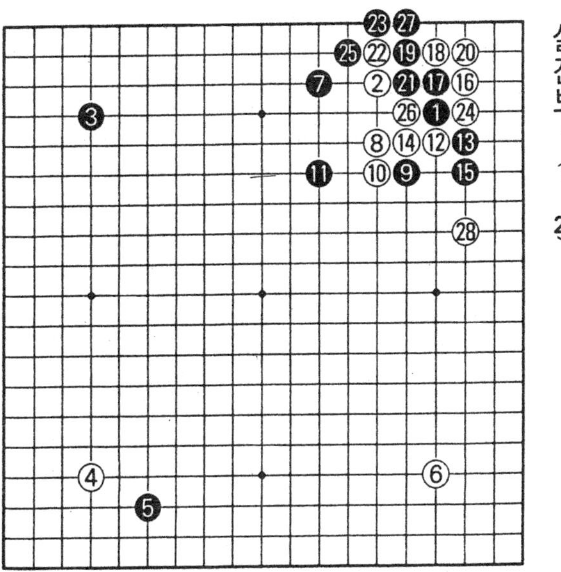

제 2 형
전국시대 중국의 급전보

실전보 1 은 당시에 인위적으로 조작이 됐다는 설이   있을
정도로 바둑의 분위기가 정묘하다. 백 6 까지 귀는 전부 화점
이다.

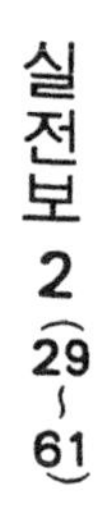

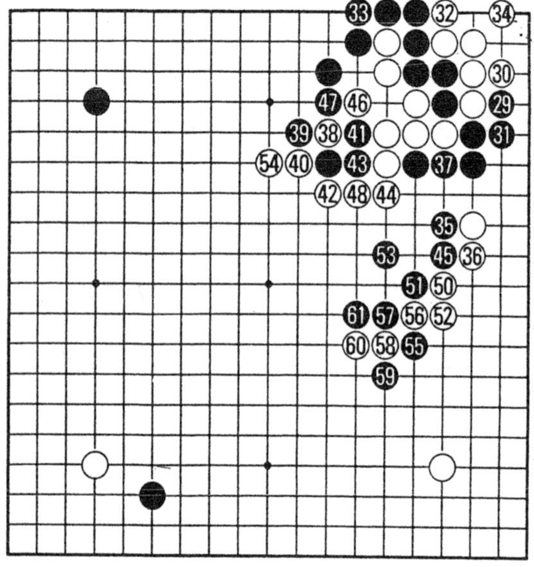

실전보 2 (29~61)

실전보 2 흑 7에는 참고도 1의 마늘모. 백 2, 4에는 흑 5, 7까지 패를 다툰 다음 9로 강하게 민다.

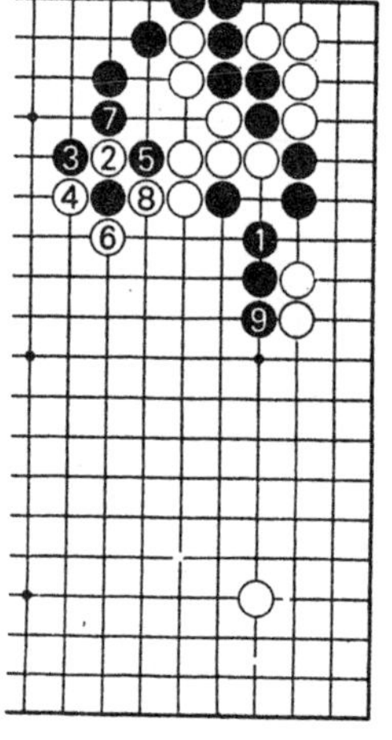

참고도 패는 흑승

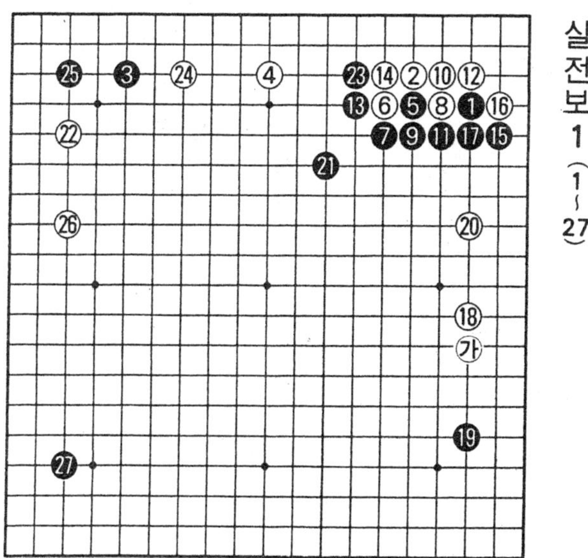

제 3 형 강호 초기시대의 급전보

　실전보 1 은 본인방 산묘와 호적수인 녹엽이현과의　대국이다. 백 2 의 걸침에 흑 5 , 7 의 응수. 이하 17까지 ― .
　백18은 ㉮의 곳에 두는 수도 있다. 흑23과 백24는 맞보기. 흑이 우세.

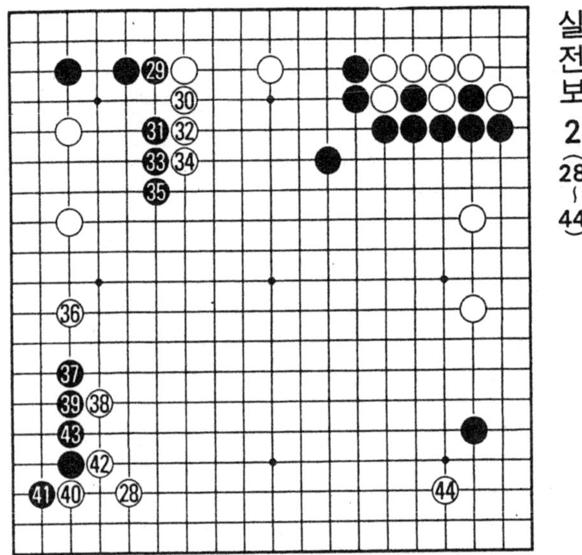

실전보 2 혹29
이하 35가 패인인
완착이다. 상변의
맥을 강화시켰기
때문이다.

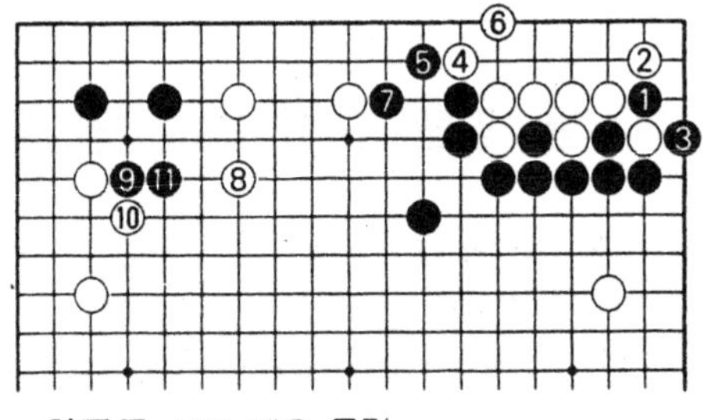

참고도 상변 백을 공격

　　참고도 혹1, 3으로 끊어 백을 공격한다. 전국적으로 산뜻
의 바둑이 밝아보인다. 이러한 면이 2의 제1인자다운 원동
력이다.

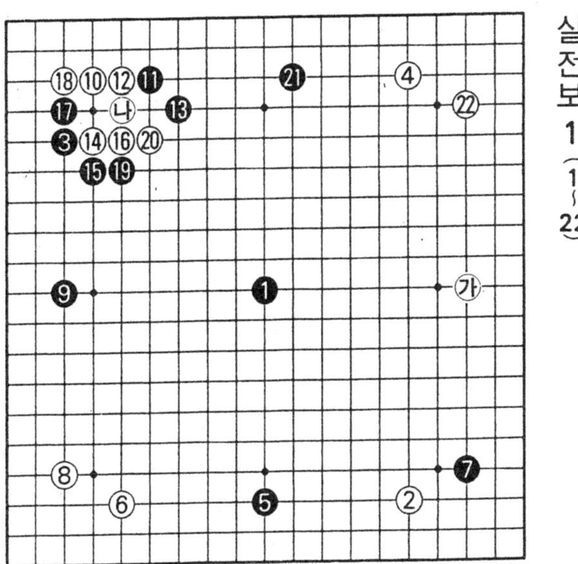

제 4 형 기성 도책의 견실한 수

실전보 1 도책과 보정산철의 명국이다. 이것은 강호시대의
유일한 천원국이다. 천원국은 외복이 유효하다. 흑11로는 ㉮
와 22를 교환하면 흑㉯의 씨움.

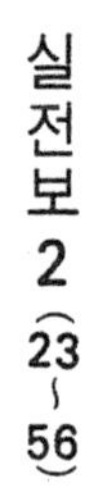

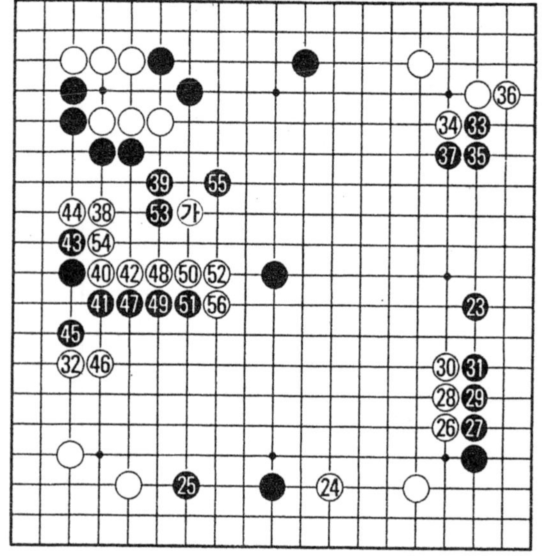

실전보 2 백 38은 참고도 흑1을 유혹, 백2의 뻗음을 요구. 흑⑦의 가치가 저하된다. 단지 백⑦에는 흑4가 절호점이다. 흑53으로 ⑦의 곳을 두는 것은 한판의 바둑이다.

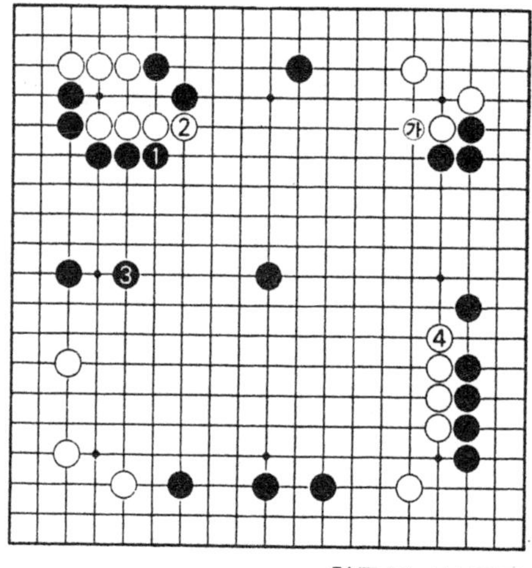

참고도 사석작전

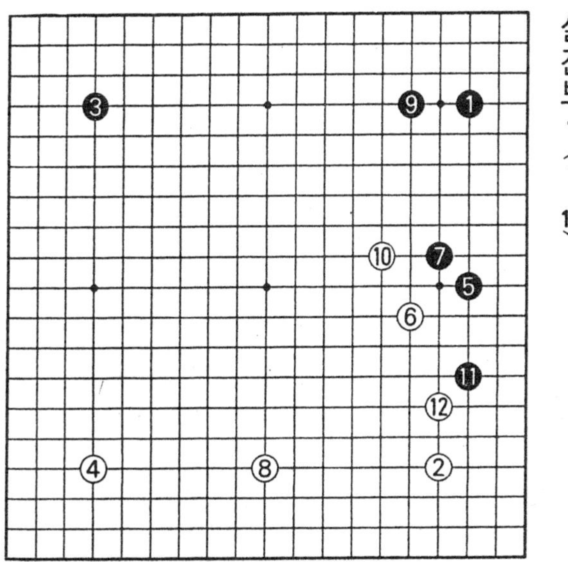

제 5 형
신포석이 정석의 벽을 파괴

실전보 1 은 공식전으로 신포석 제 1 호이다. 목곡실·장곡
천장과(흑번)의 전투다. 백 6 에서 8 의 3 연성. 백10, 12의
고압으로 대모양을 구축한다.

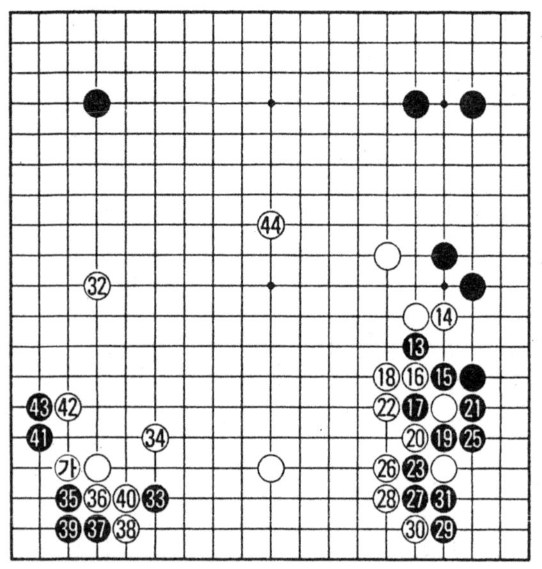

실전보 2 백26에는 31로 내려서 전투. 혹37로는 ㉮로 미는 방법이 있다. 다음 백44로 신포석 성공이다.
　독자 여러분도 정석 무용의 계보를 음미하여 보도록 왜냐하면 이것이 최고의 유산일 수도 있으니까—.

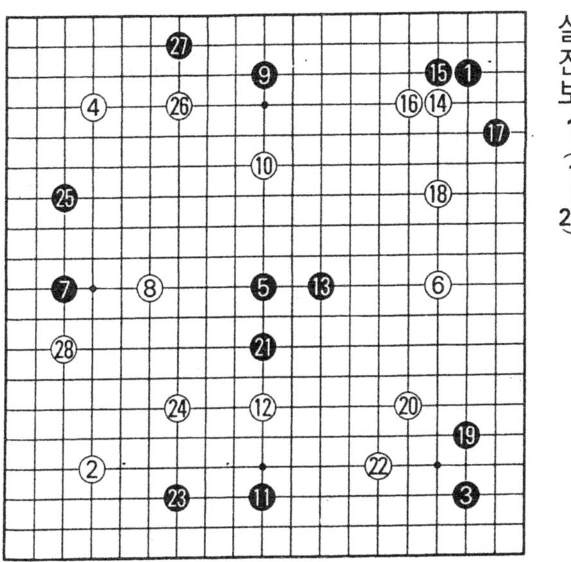

제 6 형　힘이 있는 포석의 승리

　실전보 1 흑 1, 3 은 높은 위치의 포석에 반발하는　저위의
포석이다. 중앙 모양을 자연히 삭감하는 구상이다. 백 8, 10,
12 로 천원의 한점을 포위하려는 구상.　백14까지　포위 작전
도 계속된다. 그래서 흑은 중앙에　2 수 보강을 하였다.

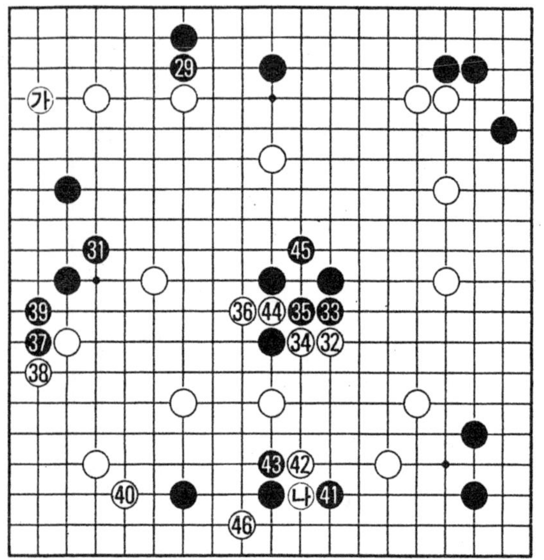

실전보 2 29가 제 1 의 완착. ㉮로 좌변을 보강하는 것이
필요하다. 백30에 혹31로 받는게 좋다. 또 혹37로는 **44**의 이
음이 어떨까. 혹**43**이 패착이다.

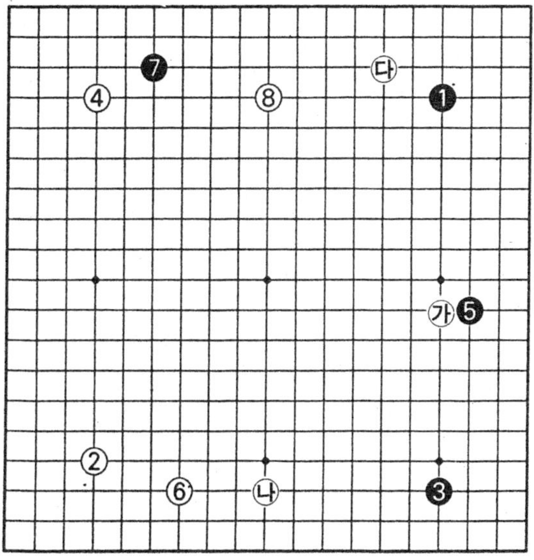

제 7 형 포석이 정석을 따라서

  실전보 1 은 중국류 포석이 유행하던 초기의 1 국이다. 현
재는 혹 5 로 ㉮의 곳이 많다. 백 6 으로 ㉯나 ㉲의 곳을
두기도 한다.

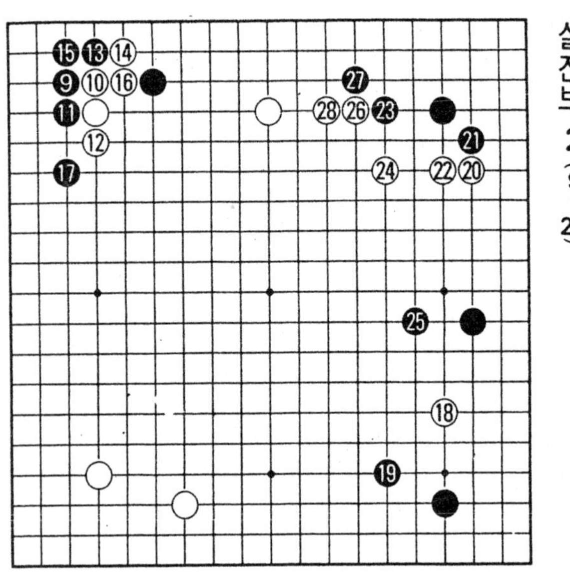

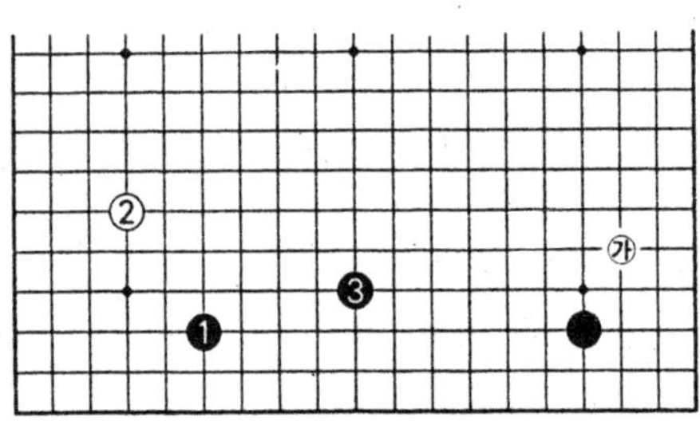

참고도 혹1, 3은 전투형

실전보 2 3 연성의 중국류는 모양을 넓게 하여 서로의 침입을 노린다. 귀의 정석을 변에서부터 전국적으로 확대하여 둔다. 정석무용이 아닌 발전적인 해소책이다.

참고도 혹1, 3에 ㉮의 곳을 손빼는 것이 2의 계열 수법이다. 백28의 외길의 진행이다.

┌─────────┐
│ 판　권 │
│ 본　사 │
│ 소　　유 │
└─────────┘

51. 정석을 무시한 승부의 테크닉

2013년 10월 15일 인쇄
2013년 10월 30일 펴냄

옮긴이/ 프로바둑연구회
펴낸이/ 최　　상　　일
펴낸곳/ 태　을　출　판　사
서울특별시 중구 신당6동 52-107 (동아빌딩내)
등록/1973년 1월 10일(제4-10호)

＊잘못된 책은 구입하신 곳에서 교환해 드립니다.

■주문 및 연락처

우편번호 100-456
서울특별시 중구 신당6동 52-107 (동아빌딩 내)
전화 / 2237-5577 팩스 / 2233-6166
ISBN 89-493-0367-1　　　　13690